Demenz als Hölle im Kopf?

TVZ

Melanie Werren, Frank Mathwig, Torsten Meireis (Hg.)

Demenz als Hölle im Kopf?

Theologische, philosophische und ethische Perspektiven

TVZ

Theologischer Verlag Zürich

Der Theologische Verlag Zürich wird vom Bundesamt für Kultur mit einem Strukturbeitrag für die Jahre 2016–2018 unterstützt.

Bibliografische Informationen der Deutschen Nationalbibliothek
Die Deutsche Nationalbibliothek verzeichnet diese Publikation in der Deutschen Nationalbibliografie; detaillierte bibliografische Daten sind im Internet über http://dnb.d-nb.de abrufbar.

Umschlaggestaltung
Simone Ackermann, Zürich
unter Verwendung einer Fotografie von Shutterstock.com

Druck
Rosch Buch GmbH, Scheßlitz

ISBN 978-3-290-17888-8

www.tvz-verlag.ch

Inhalt

Vorwort

Dieser Band ist aus der von Melanie Werren organisierten Tagung «Demenz als Hölle im Kopf? – Theologische, philosophische und ethische Perspektiven auf das Thema Demenz» hervorgegangen, die im Mai 2015 in Bern stattfand und den Austausch zwischen unterschiedlichen in diesem Bereich Forschenden anregen sollte. Die meisten der hier vorliegenden Artikel lehnen sich deshalb an die dort gehaltenen Referate an. Einige Artikel konnten für diesen Band zusätzlich dazu gewonnen werden. Der Dank der Herausgeberschaft gilt aus diesem Grund besonders denjenigen, die einen Beitrag zur Tagung und/oder zu diesem Band geleistet haben.

Weiter geht ein Dankeschön an Herrn Tobias Zehnder für seine sorgfältige Mitarbeit bei der Vorbereitung des Bandes sowie an Frau Lisa Briner für ihre freundliche Begleitung. Den Reformierten Kirchen Bern-Jura-Solothurn und dem Schweizerischen Evangelischen Kirchenbund danken wir für ihre grosszügige finanzielle Unterstützung.

Bern, im Juni 2017

Melanie Werren
Frank Mathwig
Torsten Meireis

Melanie Werren

Einleitung

Eine Demenz ist das absolute Gegenteil dessen, was in unserer Gesellschaft als erstrebenswert gilt. So stellt sie drei zentrale Schlüsselwerte – Produktivität, Rationalität und Autonomie – radikal in Frage:[1] Menschen mit Demenz weisen mit Fortschreiten ihrer Erkrankung nicht nur Einbussen ihrer kognitiven Fähigkeiten auf, sie verlieren auch immer weiter ihre Möglichkeiten zur Selbstbestimmung. Als Folge dieser Veränderungen sind sie zunehmend auf die Unterstützung ihrer Mitmenschen angewiesen, was erhebliche Kosten verursacht.

Die Vorstellung einer Demenz ist deshalb für viele Menschen Gegenstand schlimmster Befürchtungen und vermag tiefe Ängste auszulösen, so dass man von einer Demenz als *Hölle im Kopf* sprechen kann.[2] Inge Jens, die ihren Ehemann, Walter Jens, während einem Jahrzehnt in seiner Demenzerkrankung begleitet hat, thematisiert in ihrem Buch «Langsames Entschwinden. Vom Leben mit einem Demenzkranken» gerade ihre Schwierigkeiten und Ängste im Umgang mit der Demenzerkrankung ihres Mannes – «‹Demenz›: Fast jeder erwachsene Bundesbürger kennt heute die Angst vor diesem Leiden, das den Betroffenen sich selbst abhandenkommen lässt und es ihm unmöglich macht, die Fragen der sich um ihn Mühenden zu verstehen oder gar eine nicht nur augenblicksbezogene Auskunft über das eigene Befinden zu formulieren.»[3]

Im ersten Teil dieses Buches soll diesen Ängsten vor einer Demenz als befürchteter *Hölle im Kopf* Raum gegeben werden, indem eine Kontrastierung der Demenz-Thematik mit den drei Schlüsselwerten – Produktivität, Rationalität und Autonomie – erfolgt. Die Problemhintergründe sollen anhand

1 Vgl. Heinz Rüegger, Alter(n) als Herausforderung. Gerontologisch-ethische Perspektiven, Zürich 2009, 146f.

2 Vgl. hierzu Knut Berner, Hölle im Kopf? Eine theologisch-philosophische Würdigung des Vergessens: ÖR 60, 2011, 223–236.

3 Inge Jens, Langsames Entschwinden. Vom Leben mit einem Demenzkranken, Reinbek bei Hamburg 2016, 125.

eines praktischen Problems im Zusammenhang mit der Demenz-Thematik, der Patientenverfügung, beleuchtet werden. Im zweiten Teil sollen dann Perspektiven eröffnet werden, die die Vorstellung von der Demenz als *Hölle im Kopf* kritisch diskutieren.

Im Zuge der Auseinandersetzung mit den drei Schlüsselwerten befasst sich *Frank Mathwig* zunächst mit der Komplexität und den Ambivalenzen des Vergessens und der Rationalität in den gegenwärtigen Demenzdiskussionen. *Torsten Meireis* setzt sich in seinem Beitrag mit der Frage auseinander, wie sich die in unserer Gesellschaft beobachtbare Effizienz- und Effektivitätsorientierung zum Faktum der Demenz verhält. Die Beschäftigung mit der Position von Karl Binding und Alfred Hoche führt ihn zum Schluss, dass in Bezug auf Demenz Fragen des guten Lebens zu lange ausgeklammert wurden. Ruth Schwerdts Konzept der «Autonomie des Augenblicks», das eine Form der Selbstbestimmung bietet, die für Menschen mit Demenz anschlussfähig ist, ist Gegenstand der Reflexion von *Melanie Werren. Daniela Ritzenthaler und Ruth Baumann-Hölzle* stellen rechtliche und ethische Aspekte von Patientenverfügungen bei Menschen mit Demenz ins Zentrum ihrer Überlegungen und leisten damit einen Beitrag zur Konkretisierung der in diesem Buch thematisierten Problemzusammenhänge.

Im zweiten Teil des Bandes, der nach alternativen Perspektiven auf das Thema «Demenz» fragt, finden sich theologische, philosophische sowie ethische Beiträge. *Katrin Müller* untersucht zuerst das alttestamentliche Menschenbild, das von der Ganzheit des Menschen und seinem Eingebundensein in Beziehungen ausgeht, hinsichtlich seiner Tragfähigkeit gegenüber von Menschen mit Demenz. *Anika Albert* entfaltet dann den Begriff der Lebensqualität unter den Bedingungen von Demenz aus individual- und personalethischer Perspektive sowie aus sozial- und technik-ethischer Perspektive. Konzeptionelle Überlegungen zu «Fremd sein» und «Zuhause sein» bieten in diesem Zusammenhang neue Deutungshorizonte. *Martina Schmidhuber* geht der Befürchtung auf den Grund, wonach Menschen mit Demenz aufgrund ihrer Erkrankung ihre Identität verlieren. In Anknüpfung an Rebecca Dresser spricht sie sich für ein flexibles Verständnis von Identität aus, das sich im Laufe eines Lebens verändern kann. *Simon Hofstetter* entfaltet in seinem Artikel anhand des Motivs des (gemeinsamen) Essens einen Zugang zu Menschen mit Demenz. Nach *Dorothea Schweizer* verschärft der Wahnsinn als das befürchtete Endstadium der Demenz die Stigmatisierung von betroffenen Menschen. Dieser Entwicklung setzt sie das Ideal der Inklusion und die Frage, was wir von Menschen mit Demenz lernen können, entgegen.

Dieser Band versteht sich insgesamt als kritische Auseinandersetzung mit dem derzeitig im Kontext von Demenz vorherrschenden Menschenbild. Er will aber auch einen konstruktiven Anstoss geben, an dieser Thematik weiterzudenken.

I. Die drei Schlüsselwerte und die Demenz-Thematik

Torsten Meireis

Demenz, Effizienz und gutes Leben

I. Das Argument

Ist Demenz tatsächlich die «Hölle im Kopf»? Demenzkranke wirken zuweilen nicht so, als seien sie in der Hölle oder trügen die Hölle in sich. In Arno Geigers Roman «Der alte König in seinem Exil» schildert Geiger den Vater als oft gar nicht unzufriedene Person mit zuweilen besonderem Witz. «Da mein Vater nicht mehr über die Brücke in meine Welt gelangen kann, muss ich hinüber zu ihm. Dort drüben, innerhalb der Grenzen seiner geistigen Verfassung, jenseits unserer auf Sachlichkeit und Zielstrebigkeit ausgelegten Gesellschaft, ist er noch immer ein beachtlicher Mensch, und wenn auch nach allgemeinen Massstäben nicht immer ganz vernünftig, so doch irgendwie brillant. Eine Katze streift durch den Garten. Der Vater sagt: ‹Früher hatte ich auch Katzen, nicht gerade für mich allein, aber als Teilhaber.› Und einmal, als ich ihn frage, wie es ihm gehe, antwortet er: ‹Es geschehen keine Wunder, aber Zeichen.› Und dann ansatzlos Sätze, so unwahrscheinlich und schwebend, wie sie einem manchmal in Träumen kommen: ‹Das Leben ist ohne Probleme auch nicht leichter.›»[1] Und Tilman Jens beschreibt seinen Vater als glücklichen Menschen: «Der Vater, den ich kannte, der ist lang schon gegangen. Aber jetzt, da er fort ist, habe ich einen ganz anderen Vater entdeckt, einen kreatürlichen Vater – einen Vater, der einfach nur lacht, wenn er mich sieht, der sehr viel weint und sich Minuten später über ein Stück Kuchen, ein Glas Kirschsaft freuen kann. Was war das für eine Feier, am 8. März 2008, als er 85 wurde. Bei früheren Wiegenfesten wurden Reden geschwungen, Professoren-Kollegen zitierten griechische Verse und überreichten Sonderdrucke. Jetzt rücken die Freunde mit Fresskörben an, gewaltigen Schinken, Pralinen, Schokoladenhasen und reichlich selbstbemalten Ostereiern. Vierzig Gäste

---

1 Arno Geiger, Der alte König in seinem Exil, München 2011, 11.

freuen sich an Margits Schinkenhörnchen. Und mittendrin mein rundum heiterer Vater.»[2] Es ist kaum zu übersehen, dass die Autoren hier auch ein eigenes Programm verfolgen, das mit ihrem Verhältnis zu den Vätern zu tun hat. Ob man dabei so weit gehen muss wie Christopher Schmidt, der Rezensent der Süddeutschen, der Geiger vorwirft, er habe seinen Vater literarisch ausgeplündert, indem er dessen Defekte ausstelle und dies durch «gefühlige Einlassungen über die Vergänglichkeit»[3] kompensiere und den Vater so aggressiv abrechnend inszeniere, lässt sich fragen. Der Rezensent jedenfalls stimmt der Schwester Arno Geigers zu, die bekundet, sie finde das Verlöschen des Vaters nicht interessant, sondern zum Weinen.

Damit liegen die Probleme auf dem Tisch. Denn offensichtlich ist die Vorstellung von Effizienz und Nutzen so stark leitend, dass auch und gerade jemand, der in der Auseinandersetzung mit einem Demenzkranken diese Effektivitäts- und Effizienorientierung anzweifelt, sich dem Verwertungsvorwurf stellen muss. Dass Geigers Vater, «jenseits unserer auf Sachlichkeit und Zielstrebigkeit ausgelegten Gesellschaft, […] noch immer ein beachtlicher Mensch» ist, kann in dieser Sicht nur als falscher Ton gedeutet werden, der seinerseits mit der Vernutzung, der Ausstellung, Ausbeutung, Ausplünderung des Demenzkranken korreliert. Die Empfehlung des Rezensenten scheint darauf hinauszulaufen, dass Arno Geiger seinen Vater lieber hätte beweinen sollen, als ein Buch zu schreiben, das er dann auch noch als Bestseller verkauft.

Dabei kann und soll nicht bestritten werden, dass Demenzkrankheit schrecklich sein kann und oft genug schrecklich ist, dass es sehr wohl zum Weinen Anlass gibt, wenn die Angehörigen und Freunde, die uns vertraut waren, ihre Persönlichkeiten verändern und wir von ihnen als Menschen, mit denen wir eine gemeinsam erinnerte Geschichte teilen, Abschied nehmen müssen. Gleichwohl kann es auch glückliche Momente geben, für Demenzkranke und mit ihnen, auch ein Demenzkranker vermag «ein beachtlicher Mensch» zu sein.

Jenseits der Frage nach dem Verlust der Persönlichkeit aber stellt sich demjenigen, der in verwandtschaftlichen Beziehungen zu Demenzkranken steht oder für sie sorgen muss, aber auch demjenigen, der auf eine mögliche Demenzkrankheit vorausblickt, ein Problem, das sehr real ist: Demenzkranke

—

2 Tilman Jens, Demenz. Abschied von meinem Vater, Gütersloh 2009, 140–142.

3 Christopher Schmidt, Falsche Idylle, Süddeutsche Zeitung vom 11.02.2011, online abrufbar unter: http://www.sueddeutsche.de/kultur/arno-geiger-der-alte-koenig-in-seinem-exil-falsche-idylle-1.1058426 (20.05.2015).

sind nach den Massstäben unserer Gesellschaft nutzlos, sie tragen zur Leistungsbilanz, zum gesellschaftlichen Leistungsaustausch nichts bei, und nicht nur das, sie beanspruchen auch erhebliche Ressourcen, denn nicht nur sind sie vollständig auf Fremdversorgung angewiesen, sondern sie bedürfen auch einer sehr aufwändigen Betreuung, um sie vor Eigen- und Fremdgefährdungen zu bewahren – und das unter Umständen jahre- und jahrzehntelang.

Nach Erhebungen der Schweizerischen Alzheimervereinigung haben allein die ca. 116.000 Demenzerkrankten 2009 Kosten von 6,9 Mrd. CHF verursacht, von denen 95 % Pflege- und Betreuungskosten darstellen. Wenn man weiss, dass der Pflegeaufwand einer Demenzkranken im Schnitt 60 % höher ist als der einer vergleichbar pflegebedürftigen Person ohne Demenzerkrankung[4] und dass ca. 50 % der Demenzerkrankten zuhause leben, wobei die Angehörigen – zu zwei Dritteln der Ehepartner oder die Ehepartnerin, zu einem Drittel die Kinder – den Grossteil der Betreuung übernehmen (müssen),[5] wird das Ausmass der Belastung deutlich – Schweizer Untersuchungen zufolge leiden 44 % der pflegenden Angehörigen an Angstzuständen, 20 % an Depressionen und zwischen 44 % und 70 % an erheblichen körperlichen Gesundheitsproblemen.[6] Die Schweizerische Alzheimervereinigung fordert daher in ihrem «Manifest: Priorität Demenz» sowohl bezahlbare Pflege und Betreuung als auch temporäre Entlastung für Angehörige, also Tages- und Nachtstätten und Heime mit Kurzzeitbetreuung.[7] All das aber kostet viel Geld.

Somit wird dann sehr schnell die Frage akut, wie sich eigentlich die Effizienz- und Effektivitätsorientierung, die wir in vielen Bereichen unserer Gesellschaft beobachten, in denen fortwährend Exzellenz und Höchstleistung

---

4 Q-Sys AG, Auswertung RAI-Daten ALZ vom 13.06.2012, online abrufbar unter: http://www.qsys.ch/dwl/Arbeitsunterlagen/Management_Summary_ALZ.pdf (20.12.2015).

5 Schweizerische Alzheimervereinigung, 116.000 Menschen mit Demenz in der Schweiz, Yverdon-les-bains 2014, online abrufbar unter: http://www.alz.ch/index.php/zahlen-zur-demenz.html (20.05.2015).

6 Schweizerische Alzheimervereinigung, Entlastung durch Tagesstätten, info 47, 12–25, online abrufbar unter: http://www.alz.ch/tl_files/PDFs/Varia/Info%2047_BerichtTagesstaetten_d.pdf (20.05.2015).

7 Schweizerische Alzheimervereinigung, Manifest Priorität Demenz vom 18.04.2008, online abrufbar unter: http://www.alz.ch/index.php/nationale-demenzstrategie.html (20.05.2015).

gefordert wird, zum Faktum der Demenzkrankheit verhält. Gilt die Demenzkrankheit vielleicht auch deswegen als so problematisch und angsterregend, weil sie ihre Träger möglicherweise zwar als beachtliche, aber jedenfalls als nutzlose Menschen zurücklässt, deren Krankheit – auch bei körperlicher Gesundheit – als «Verlöschen», also als Tod gewertet wird? Verstehen wir uns recht: Es geht in fast allen Debatten nie darum, den Erkrankten die Menschenwürde abzusprechen, unter dem Aspekt des Richtigen wird das Lebensrecht nicht bestritten. Allerdings gibt es eben in der Debatte noch eine zweite Ebene, die des guten Lebens, die im Zusammenhang partikularer Gemeinschaften und (zunehmend) individueller Präferenz bedeutsam ist. Meine These lautet, dass gerade auf dieser Ebene wirksam bestritten wird, dass es ein gutes Leben mit Demenz geben kann. Das aber ist auf Dauer folgeträchtig auch für gesellschaftliche Entscheidungen auf der Ebene des Richtigen.

Das Verhältnis von Gutem und Richtigem in der Debatte um den Wert des Lebens lässt sich besonders gut an einem Dokument erörtern, das bereits zu Beginn des 20. Jahrhunderts Furore machte und in der Regel als Negativfolie jeder Debatte um Krankheit, Beeinträchtigung und Lebenswert gilt. Gemeint ist das von dem Juristen Karl Binding und dem Mediziner Alfred Hoche 1920 im renommierten Verlag Meiner erschienene Werk «Die Freigabe der Vernichtung lebensunwerten Lebens. Ihr Mass und ihre Form»[8].

II. Die Vermischung von Eudämonie-, Liberalitäts- und Effizienzargumenten in der Euthanasiedebatte der 20er Jahre unter dem Aspekt des guten Lebens

Die Schrift Karl Bindings und Alfred Hoches, die als Grundlage der nationalsozialistischen Praxis der Ermordung körperlich und geistig beeinträchtigter Menschen gelten muss,[9] gliedert sich in einen juridischen und einen ärztlichen Teil. Im juridischen Teil wird zunächst die Selbsttötung (I), dann die passive und aktive Sterbehilfe (II) behandelt. Nach der Darstellung historischer Ansätze der Tötungsfreigabe für Dritte (III) werden Argumente für diese Tö-

—

8 Karl Binding / Alfred Hoche, Die Freigabe der Vernichtung lebensunwerten Lebens. Ihr Mass und ihre Form. Leipzig 1920.

9 Eva Schumann, Dignitas – Voluntas – Vita. Überlegungen zur Sterbehilfe aus rechtshistorischer, interdisziplinärer und rechtsvergleichender Sicht, Göttingen 2006, 18–22.

tungsfreigabe aufgeführt (IV). Karl Binding schlägt dann ein juridisches Verfahren vor (V) und widmet sich Einwänden (VI). Alfred Hoche beschreibt weiter das ärztliche Orientierungsproblem, benennt unstrittige Ausnahmen von der hippokratischen Lebenserhaltungs- und Schadenverbotsregel (Rettung der Mutter durch Kindstötung, Operation) und beschreibt moralische Probleme im ärztlichen Kontext, etwa den Tötungswunsch der Angehörigen im Falle unheilbar Kranker, die Lebensverkürzung aus wissenschaftlichem Interesse oder den Umgang mit Überlebenden von Selbsttötungsversuchen. Daraus schliesst er auf eine moralisch relative Lebenserhaltungspflicht, die schliesslich in der Auflistung derjenigen mündet, denen gegenüber diese Pflicht aufzuheben sein soll, wobei Alfred Hoche sich besonders den geistig schwer Beeinträchtigen, den «unheilbar Blödsinnigen» widmet, die er auch «geistig Tote» nennt. Weil diese sowohl eine hohe volkswirtschaftliche Belastung der Gesellschaft darstellen als auch keine subjektiven Lebensansprüche mehr geltend machen können, sei ihre Tötung auch ohne Einwilligung unproblematisch.

Die Argumentation verwendet dabei drei Typen ethischer Argumentation: utilitaristische, die in der Regel auf den volkswirtschaftlichen Nutzen abheben, liberale, die vorrangig das Selbstbestimmungsprinzip fokussieren und eudaimonistische, die auf ein gutes Leben hin orientiert sind.

Besondere Abscheu haben – auch schon bei Zeitgenossen – die utilitaristischen Erwägungen erzeugt, die sowohl Karl Binding als auch Alfred Hoche unter völliger Absehung von einem Konzept universaler Menschenwürde bezüglich der finanziellen Belastung der Gesellschaft durch Kranke und Beeinträchtigte anstellen: «Denkt man sich gleichzeitig ein Schlachtfeld bedeckt mit Laufenden toter Jugend, oder ein Bergwerk, worin schlagende Wetter Hunderte fleissiger Arbeiter verschüttet haben, und stellt man in Gedanken unsere Idioteninstitute mit ihrer Sorgfalt für ihre lebenden Insassen daneben – und man ist auf das tiefste erschüttert von diesem grellen Missklang zwischen der Opferung des teuersten Gutes der Menschheit im grössten Massstabe auf der einen und der grössten Pflege nicht nur absolut wertloser, sondern negativ zu bewertender Existenzen auf der anderen Seite.»[10] Die Anschlussfähigkeit für die nationalsozialistische Ermordungspolitik wird besonders dort deutlich, wo über das Lebensrecht der Individuen aufgrund eines letztlich sozialdarwinistischen Weltbildes gleichsam nach volkswirtschaftlicher Kassenlage geurteilt wird: «Die Frage, ob der für diese Kategorien von Ballastexistenzen

---

10 Binding / Hoche (Anm. 8), 27.

[gemeint sind geistig stark beeinträchtigte Personen, TM] notwendige Aufwand nach allen Richtungen hin gerechtfertigt sei, war in den verflossenen Zeiten des Wohlstandes nicht dringend; jetzt ist es anders geworden, und wir müssen uns ernstlich mit ihr beschäftigen. Unsere Lage ist wie die der Teilnehmer an einer schwierigen Expedition, bei welcher die grösstmögliche Leistungsfähigkeit Aller die unerlässliche Voraussetzung für das Gelingen der Unternehmung bedeutet, und bei der kein Platz ist für halbe, Viertels- und Achtels-Kräfte.»[11] Als «Ballastexistenzen» verstehen sowohl Karl Binding als auch Alfred Hoche vor allem geistig stark beeinträchtigte Menschen, zwischen denen freilich noch weiter zwischen Altersdemenzkranken und jugendlichen Dementen unterschieden wird: Alfred Hoche differenziert hier erstens nach Nutzenkriterien des Affektionswertes für die Angehörigen, der bei Altersdementen höher sei, zweitens nach utilitaristischen Kriterien der Wirtschaftlichkeit, sofern er bei Altersdemenzkranken von geringer Lebenserwartung und insofern geminderten Kosten ausgeht.[12] Diesen Menschen spricht vor allem Alfred Hoche die Personalität schlichtweg ab, indem er sie als «geistig Tote» beschreibt: «In äusserlicher Beziehung ist ohne weiteres erkennbar: der Fremdkörpercharakter der geistig Toten im Gefüge der menschlichen Gesellschaft, das Fehlen irgendwelcher produktiver Leistungen, ein Zustand völliger Hilflosigkeit mit der Notwendigkeit der Versorgung durch Dritte. In Bezug auf den inneren Zustand würde zum Begriff des geistigen Todes gehören, dass nach der Art der Hirnbeschaffenheit klare Vorstellungen, Gefühle oder Willensregungen nicht entstehen können, dass keine Möglichkeit der Erweckung eines Weltbildes im Bewusstsein besteht, und das keine Gefühlsbeziehungen zur Umwelt von den geistig Toten ausgehen können, (wenn sie auch natürlich Gegenstand der Zuneigung vonseiten Dritter sein mögen). Das Wesentlichste aber ist das Fehlen der Möglichkeit, sich der eigenen Persönlichkeit bewusst zu werden, das Fehlen des Selbstbewusstseins. Die geistig Toten stehen auf einem intellektuellen Niveau, das wir erst tief unten in der Tierreihe wieder finden, und auch die Gefühlsregungen erheben sich nicht über die Linie elementarster, an das animalische Leben gebundener Vorgänge. Ein geistig Toter ist somit auch nicht imstande, innerlich einen subjektiven Anspruch auf Leben erheben zu können, ebenso wenig wie er anderer geistiger Prozesse fähig wäre.»[13] Mit dieser Beschreibung ergibt sich: «Im Falle

---

11 A. a. O., 55.

12 A. a. O., 52f.

13 A. a. O., 57–58.

der Tötung eines geistig Toten, der nach Lage der Dinge, vermöge seines Hirnzustandes, nicht imstande ist, subjektiven Anspruch auf irgend etwas, u. a. also auch auf das Leben zu erheben, wird somit auch kein subjektiver Anspruch verletzt.»[14] Weil beide auf die kontrafaktische Unterstellung der Menschenwürde verzichten, ergibt sich eine Orientierung allein an empirischen Merkmalen unter Behauptung vollkommener Einsicht in das Erleben der Betroffenen: «‹Mitleid› ist den geistig Toten gegenüber im Leben und im Sterbensfall die an letzter Stelle angebrachte Gefühlsregung; Wo kein Leiden ist, ist auch kein mit–Leiden.»[15] Die Rechtfertigung für die Tötung schwer geistig beeinträchtigter Personen ergibt sich so aus einem empirischen Befund, der weder durch die kontrafaktische Unterstellung der Menschenwürde noch durch erkenntnistheoretische Selbstbegrenzung[16] temperiert ist und die sich auch in der Bindingschen Einwilligungsfingierung bei Äusserungsunfähigkeit zeigt.[17] Innerhalb der empirischen Begründung sind beide allerdings konsequent, was auch einen gewissen Unterschied zu den nationalsozialistischen Mördern ausmacht: «Jede unverbotene Tötung eines Dritten muss als Erlösung mindestens für ihn empfunden werden: sonst verbietet sich ihre Freigabe von selbst. Daraus ergibt sich aber eine Folgerung als unbedingt notwendig: die volle Achtung des Lebenswillens aller, auch der kränksten und gequältesten und nutzlosesten Menschen. Nach Art des den

---

14 A. a. O., 59.

15 Ebd.

16 A. a. O., 61: «Die Sicherung gegen solche Auffassungen würde in einer sorgfältig zu behandelnden Technik zu schaffen sein. In dieser Beziehung steht zunächst zur Erörterung, ob die Auswahl der Fälle, die für die Lebensträger selbst und für die Gesellschaft endgültig wertlos geworden sind, mit solcher Sicherheit getroffen werden kann, dass Fehlgriffe und Irrtümer ausgeschlossen sind. Es kann dies nur eines Laien Sorge sein. Für den Arzt besteht nicht der geringste Zweifel, dass diese Auswahl mit hundertprozentiger Sicherheit zu treffen ist, also mit einem ganz anderen Masse von Sicherheit, als etwa bei hinzurichtenden Verbrechern die Frage, ob sie geistig gesund, oder geistig krank sind, entschieden werden kann. Für den Arzt bestehen zahlreiche wissenschaftliche, keiner Diskussion mehr unterworfene Kriterien, aus denen die Unmöglichkeit der Besserung eines geistig Toten erkannt werden kann, um so mehr, als für unsere ganze Fragestellung in vorderster Linie die frühere Jugend an bestehenden Zustände geistigen Todes in Betracht kommen.»

17 Wie Schumann (Anm. 9), 21 zeigt, hat sich dies auch in der Rechtsprechung nicht durchsetzen können.

Lebenswillen seines Opfers gewaltsam brechenden Mörders und Totschlägers kann die Rechtsordnung nie vorzugehen gestatten.»[18] «Wie schon oben ausgeführt, ist jede Freigabe der Tötung mit Brechung des Lebenswillens des zu Tötenden oder des Getöteten ausgeschlossen.»[19]

Neben der utilitaristischen und empiristischen Argumentation, die die Personalität an die wahrnehmbare Vernunft- oder doch zumindest Willensausübung bindet – eine Position, die sich etwa auch bei Peter Singer findet[20] – tritt bei Karl Binding und Alfred Hoche auch eine liberale, die sich vor allem in der Figur der individuellen Selbstbestimmung zeigt, auf. Weil der Mensch der «geborene Souverän über sein Leben» sei, liege auch im Recht die «Anerkennung von jedermanns Freiheit, mit seinem Leben ein Ende zu machen»[21] vor. Hier wird in antikirchlicher Spitze die *self-ownership* im Sinne John Lockes und über diesen hinaus behauptet: «Das Naturrecht hätte Grund gehabt, von dieser Freiheit als dem ersten aller ‹Menschenrechte› zu sprechen.»[22] Diese Selbstbestimmung binden die Autoren an die konkrete Äusserungsfähigkeit des Willens, eine Problematik, die oben bereits thematisch war. Mit dieser Argumentation wird dann auch die Zustimmung zur Tötung durch Dritte[23] und der Notwehrvorbehalt bei Hinderung der Selbsttötung[24] begründet.

Von besonderem Interesse ist freilich, dass im Hintergrund eine eudaimonistische Argumentation im Sinne einer vitalistischen Ethik des guten Lebens steht, die von einer Zweckgerichtetheit der Lebenskraft ausgeht:[25] Im Zentrum steht die Vermeidung von «körperlicher und seelischer Qual»[26], der Wunsch nach Schlaf nach «langer Zermürbung durch Schmerzen»[27], zentral sind Lebenswille und Lebenskraft.[28] Dabei gelten körperlicher Schmerz und

18 Binding / Hoche (Anm. 8), 28–29.
19 A. a. O., 34.
20 Vgl. Peter Singer, Praktische Ethik, Stuttgart [3]2013, 145–160.303–316.
21 Binding / Hoche (Anm. 8), 6.
22 A. a. O., 7.
23 A. a. O., 13.
24 A. a. O., 12.
25 A. a. O., 32.
26 A. a. O., 6.18.
27 A. a. O., 50.
28 A. a. O., 16.

psychische Belastung, also etwa «schmerzlose Hoffnungslosigkeit»[29] in gleicher Weise als Gründe einer «Unerträglichkeit des Lebens»[30]. Dem entspricht, dass die Tötung auf Verlangen dann auch durch das Mitleid begründet wird, ohne dass die egozentrische Spitze und paternalistische Pointe in einer Formulierung wie der von «edlem Mitleid mit unertragbar leidenden Menschen»[31] wahrgenommen würde, der es ja auch um die Unerträglichkeit des Anblicks für den Betrachter geht. Letztlich sind Lebenswille und Leidvermeidung die zentralen Kriterien dessen, was sowohl Karl Binding als auch Alfred Hoche als Lebenswert[32] verstehen. Ist der Lebenswille dahin, ist der Wunsch nach Erlösung[33] plausibel, und wo Lebenswille nicht empirisch feststellbar ist – wie bei geistig schwer Beeinträchtigten, die laut Karl Binding «weder den Willen zu leben, noch zu sterben» haben – gibt es auch «keinen Lebenswillen, der gebrochen werden müsste»[34]. Weil beide eine Mischung von liberaler und vitalistischer Weltsicht verbindet, in der der vernünftige und seiner selbst bewusste, lebenskräftige, zwar für andere opferbereite, aber auf Vermeidung sinnlosen Leides bedachte Mensch im Mittelpunkt steht, erscheinen ihnen geistig beeinträchtigte Menschen – und zwar sowohl betagte als auch junge Demenzkranke – als «das furchtbare Gegenbild echter Menschen», die «fast in jedem Entsetzen erwecken, der ihnen begegnet»[35]. Aus diesem Grund können sie dann auch von «leeren Menschenhülsen»[36] sprechen.

III. Die Konstruktion der Knappheit und die Verheissung der Fülle

Nun ist es völlig eindeutig, dass in unserer Gesellschaft die universale Unterstellung der Menschenwürde gilt, die medizinische Hybris eines Alfred Hoche und die Rechtsauffassung Alfred Bindings aber, die bei fehlender Willensbekundung einen Tötungswunsch zu unterstellen erlaubt, perhorresziert wird. Insofern ist auf der Ebene der rechtlich allgemeinverbindlichen Urteile

—

29 A. a. O., 29.
30 A. a. O., 21.
31 A. a. O., 25.
32 A. a. O., 27.
33 A. a. O., 28.
34 A. a. O., 31.
35 A. a. O., 32.
36 A. a. O., 55.

und des moralisch Richtigen eine deutliche Differenz zu Karl Binding und Alfred Hoche auszumachen.

Nicht so deutlich scheint die Ablehnung allerdings, sofern es um die Fragen des *guten Lebens* geht, also den Bereich der kollektiven und individuellen Strebensziele, die nicht im strengen Sinn als kategorisch gelten, sondern im Rahmen kollektiver Traditionen und kultureller Gemeinschaften Bedeutung beanspruchen. Natürlich ist sowohl die sozialdarwinistische als auch die vitalistische Perspektive, die zu Beginn des 20. Jahrhunderts im Gefolge Henri Bergsons, Herbert Spencers und Friedrich Nietzsches[37] en vogue war, weitgehend verschwunden. Allerdings hat die von Binding und Hoche vertretene absolute Selbstbestimmungsidee eher noch an Wirkung gewonnen und die vitalistische Vorstellungswelt hat in der Semantik der Selbstverwirklichung und Selbstoptimierung, der Initiative und Kreativität eine Nachfolgerin gefunden. Auch wenn man Zeitdiagnosen wie der Alain Ehrenbergs nicht folgen muss, der zufolge die explosive Zunahme von Krankheiten des depressiven Formenkreises gleichsam die Rückseite der Medaille einer auf Selbstoptimierung und Individualitätsbetätigung zielenden Gesellschaft darstellt, lässt sich doch kaum bestreiten, dass Optimierungs- und Effizienzimperative in unseren gesellschaftlichen Formationen eine hohe Bedeutung in der Formulierung eines guten Lebens gewonnen haben.[38]

Dies lässt sich einerseits am Vordringen solcher Imperative in den Leitbildern wirtschaftlicher Aktivität und der Arbeitswelt belegen. Das industriesoziologisch identifizierte neue Leitbild des Arbeitskraftunternehmers[39] löst diejenigen Arbeitnehmertugenden ab, die vorrangig in der zuverlässigen und handwerklich soliden Erledigung von Aufgaben bestanden, und fordert stattdessen die unternehmerische Initiative, ständige Selbstoptimierung und Flexibilisierung in den Kontexten abhängiger Beschäftigung. Die gegenläufige Bewegung von Verdichtung und Entgrenzung der Arbeit sucht die Effizienz des Arbeitnehmers auch durch den zunehmenden Einbezug seiner (oder ihrer) psychischen Ressourcen zu erhöhen und führt in der Forderung nach

—

37 Vgl. Herbert Schnädelbach, Philosophie in Deutschland 1833–1931, Frankfurt a. M. 1983, 174–192.

38 Vgl. hierzu Alain Ehrenberg, Das erschöpfte Selbst (La fatigue d'etre soi), Frankfurt a. M. 2008; vgl. auch Greta Wagner, Neuroenhancement in der Kritik. Normative Deutungen von Studierenden in Frankfurt a. M. und New York, WestEnd: Neue Zeitschrift für Sozialforschung 2, 2014, 91–104.

39 Hans J. Pongratz / G. Günter Voss, Arbeitskraftunternehmer – Erwerbsorientierungen in entgrenzten Arbeitsformen, Berlin 2003.

unablässiger Selbstverbesserung zu zunehmender Stressbelastung und Burnout-Diagnosen.[40]

Das Vordringen von Selbstoptimierungs- und Effizienzimperativen im Bereich der Vorstellungen guten Lebens lässt sich aber auch an den Debatten um medizinisches und pharmakologisches Enhancement festmachen. Sowohl in den Debatten um Neuro-Enhancement wie auch in den Erwägungen des Anti-Aging votiert die Mehrheit der Diskutanten für eine liberale Freistellungspraxis entsprechender Technologien, die auf die Autonomie des Individuums setzt und den Wunsch fortlaufender Selbstverbesserung zum anthropologischen Grunddatum erklärt. Dabei wird «Selbstverbesserung» vorrangig im Sinne der Förderung isolierter Techniken effizienter instrumenteller Weltbewältigung – verbesserte Mobilität, erhöhte Gedächtnisfähigkeit, verbesserte Aufmerksamkeit etc. – verstanden, nicht aber als um ein eher tugend-ethisch denn instrumentell ausgeprägtes Bemühen um die Erhöhung empathischer Fähigkeiten, um die Vertiefung der Geduld mit Langsamen oder das Einüben achtsamer Kommunikation.[41]

Schliesslich sind auch die Vorstellungen des guten Lebens im Alter zutiefst durch solche Selbstmächtigkeitsvorstellungen geprägt. Selbst bei einem so achtsamen Autor wie Andreas Kruse finden sich in seiner Skizze einer Anthropologie des Alters vor allem Beschreibungen, die auf Selbstgestaltung und -verbesserung zielen, also auf Handlungseffektivität und -effizienz: Es geht um Selbstgestaltung, Potenziale, Entwicklungsnotwendigkeiten und Verantwortung. Belastungsdiskurse sollen zugunsten von Potenzialdiskursen vermieden werden, in denen Grenzen, Verletzlichkeit und Endlichkeit vor allem als Herausforderungen begriffen werden sollen: «Im Kontext dieser Engagement-, Gesundheits- und Kompetenz-förderlichen Strukturen können sich im Lebenslauf emotionale, kognitive, sozialkommunikative, alltagspraktische und körperliche Ressourcen entwickeln und weiterentwickeln, die die Grundlage für ein persönlich sinnerfülltes, schöpferisches und sozial engagiertes Altern bilden. Gestaltungsfähigkeit und Gestaltungswille des Individuums enden nicht mit einem bestimmten Lebensalter, sondern bilden ein

---

40 Vgl. Ethik und Gesellschaft, Heft 2/2015: Burnout, online abrufbar unter: http://www.ethik-und-gesellschaft.de (12.01.2016).

41 Vgl. hierzu etwa Wolfgang van den Daele, Thesen zur ethischen Debatte um das Neuro-Enhancement: Deutscher Ethikrat (Hg.), Tagungsdokumentation: Der steuerbare Mensch? Über Einblicke und Eingriffe in unser Gehirn. Vorträge der Jahrestagung des Deutschen Ethikrates 2009, Berlin 2009, 107–114.

über die gesamte Lebensspanne bestehendes Entwicklungspotenzial. Entscheidend für dessen Verwirklichung sind neben der individuellen Motivlage (‹Wenn nicht ich für mich, wer denn dann? Wenn nicht jetzt, wann denn dann?›) die in der Biografie entwickelten Ressourcen des Individuums, gesellschaftliche Strukturen, die die Aufrechterhaltung, Weiterentwicklung und Nutzung dieser Ressourcen fördern, sowie Alters-, Generationen- und Menschenbilder, die sich positiv auf die individuelle Motivlage auswirken. Es lassen sich heute überzeugende Beispiele für die gesellschaftlichen und individuellen Potenziale des Alters finden, die deutlich machen, wie sehr ältere Menschen mit ihren differenzierten Wissenssystemen, reflektierten Erfahrungen und Handlungsstrategien nachfolgende Generationen zu bereichern vermögen und welchen Beitrag sie mit ihrer Produktivität und Kreativität zum Humanvermögen in der Arbeitswelt wie auch in der Zivilgesellschaft leisten.»[42] Angesichts solcher Bilder kann es nicht verwundern, dass die absolute Verletzlichkeit und Angewiesenheit, die sich etwa mit einer fortgeschrittenen Demenzkrankheit ergibt, kaum mehr aktivisch in Kategorien des guten Lebens formulierbar ist, sondern nur noch passivisch in solchen der angemessenen Behandlung durch die Aussenwelt: «Auch im Falle schwerer körperlicher und kognitiver Verluste eines älteren Menschen achtet eine altersfreundliche Kultur dessen Einzigartigkeit, bringt sie ihren Respekt vor dessen Menschenwürde zum Ausdruck, vermeidet sie es, die Lebensqualität dieses Menschen von aussen bestimmen zu wollen, spricht sie diesem nicht das grundlegende Recht auf Teilhabe wie auch auf eine fachlich und ethisch fundierte medizinisch-pflegerische Betreuung ab. Eine ‹Gradierung› der Menschenwürde wird genauso vermieden wie eine altersbestimmte ‹Abstufung› des Umfangs und der Qualität medizinisch-pflegerischer Leistungen: Entscheidend für diese Leistungen ist allein die fachlich begründete Indikation, jedoch nicht das Lebensalter.»[43] Hier zeigt sich ohne Zweifel ein immenser Abstand zur Argumentation Bindings und Hoches, aber dass ein schwer demenzkranker Mensch ein gutes Leben haben kann und worin dies bestünde, dazu äussert sich auch Andreas Kruse nicht.

—

42 Vgl. Andreas Kruse, Der gesellschaftlich und individuell verantwortliche Umgang mit Potenzialen und Verletzlichkeit im Alter – Wege zu einer Anthropologie des Alters: ders. / Thomas Rentsch / Harm-Peer Zimmermann (Hg.), Altern in unserer Zeit. Späte Lebensphasen zwischen Vitalität und Endlichkeit, Frankfurt a. M. u. a. 2013, 29–64 (35).

43 Vgl. a. a. O., 60.

Insofern sind auch Äusserungen wie die des Ethikers Hans Küng verständlich, der anlässlich des Todes seines schwer demenzkranken Freundes, des Tübinger Rhetorikers und Publizisten Walter Jens, im Alter von neunzig Jahren äussert: «Er hat meines Erachtens den Zeitpunkt verpasst, wo er noch frei entscheiden konnte. Das ist auch die Auffassung seiner Frau Inge. Und jetzt hatte er sehr, sehr, zwar nicht körperlich zu leiden, aber es war ein Elend, ihm zuzusehen, wie er immer mehr verfiel. Und auch geistig überhaupt nicht mehr kommunizieren konnte. Es ist schon ein schweres Übel, was da ihn getroffen hat, und was für viele Menschen, glaube ich, wichtig ist zu sehen, dass es da einen Zeitpunkt gibt, wo der Mensch eigentlich am besten sterben kann.»[44] Hans Küng, so wird im Zitat deutlich, hätte es lieber gesehen, wenn seinem Freund dieses vierte Lebensalter erspart geblieben wäre, wenn an die Stelle der langen Demenzkrankheit das «menschenwürdige Sterben», der selbstbestimmte Tod getreten wäre, den Hans Küng und Walter Jens in einem vor Jens' Erkrankung gemeinsam veröffentlichten Band vertreten haben.[45]

Das Bild des guten Lebens, auch im Alter, ist durch Autonomie, Selbstbestimmung, Ressourcen, Potenziale, Produktivität und Kreativität bestimmt, die gegen die Herausforderungen von Vulnerabilität und Fragilität zu gestalten sind. Das Loslassen, die Akzeptanz der Angewiesenheit und der Genuss von Beziehung, Getragenwerden und Nähe im Leiden, die Regression und der Abschied haben keine so gute Presse. Damit erscheint derjenige, der die Möglichkeit eines guten Lebens von Demenzkranken behauptet, wie es etwa Tilman Jens oder Arno Geiger tun, bestenfalls als verträumter Spinner, schlimmstenfalls aber als bewusst verklärender Ausbeuter – als einzig realistische und angemessene Haltung wird die Trauer über das Verlöschen des Demenzkranken behauptet. Ich teile diese Auffassung nicht, im Gegenteil, die Nähe zur Beschreibung der schwer Demenzkranken als «geistig Tote» bei Binding und Hoche lässt mich erschaudern.

Dass Effizienzerwägungen nicht nur auf der Ebene des guten Lebens, sondern auch im Kontext der universalitätsorientierten Institutionalisierungsebene eine Rolle spielen, wenn sie (Gott sei Dank!) auch noch weit vom menschenverachtenden Utilitarismustypus Karl Bindings und Alfred Hoches

---

44 «Er war wirklich ein Kämpfer, ein aufrechter kritischer Christenmensch.» Der Theologe Hans Küng zum Tod von Walter Jens, Hans Küng im Gespräch mit Frank Meyer, Deutschland Radio vom 10.06.2013, online abrufbar unter: http://www.dradio.de/dkultur/sendungen/thema/2138255/ (05.08.2013).

45 Vgl. Walter Jens / Hans Küng, Menschenwürdig sterben. Ein Plädoyer für Selbstverantwortung, München 1995.

entfernt sind, lässt sich an den Priorisierungs- und Spardiskursen im Gesundheitswesen zeigen. Denn natürlich haben es Rationierungsfragen mit Opportunitätskosten zu tun: Was öffentlich oder privat in das Gesundheitssystem investiert wird, steht für andere Ausgaben nicht zur Verfügung.[46] Im Falle des demenzkranken Walter Jens stellt sich die von seinem Sohn beschriebene relative Zufriedenheit des Kranken selbst, aber auch seiner Familie erst ein, nachdem er von einem Seniorenwohnheim in eine Einzelbetreuung gewechselt hat, in der er im Kontext eines Bauernhofes leben kann. Das ist eindeutig eine Ressourcenfrage, die es zudem noch mit der Investition einer Gesellschaft in personennahe Dienstleistungen zu tun hat. Wir haben gesehen, dass es gegenwärtig für die Mehrheit der Demenzkranken und ihre Angehörigen nicht so komfortabel ausschaut, wie es für Walter Jens und seine Familie möglich war.

Der Berliner Gerontopsychiater Hanfried Helmchen[47] hat am Beispiel der Verordnung von Antidementiva die Dilemmata moderner Rationierung dargestellt: Diese Medikamente sind evidenzbasiert wirksam, verzögern den Verlauf der Krankheit aber nur um Monate. Wiewohl die Verzögerung der Übersiedlung vom häuslichen Umfeld ins Pflegeheim um einige Monate für den Patienten / die Patientin ein grosser Gewinn sein kann, wird die Effizienz, also die Kosten-Nutzen-Relation der Behandlung in Frage gestellt, könne man doch andere Patienten mit grösserer Effizienz behandeln – und dabei ist nicht nur «Lebensrettung» gegen die «Erhöhung der Lebensqualität» abzuwägen, sondern auch «Lebensqualität a» (Verbesserung des Loses der Demenzkranken) gegen «Lebensqualität b» (Mobilitätserhöhung eines jungen Paraplegikers). All dies natürlich vor dem Hintergrund der Frage nach der Kassenerstattung, deren Potenzial – rebus sic stantibus – eben begrenzt ist: Gleichwohl erscheint die Abwägung hochproblematisch.

Aus diesem Grund treten etwa Ökonomen wie Peter Zweifel[48] für den Verzicht auf jede Rationierung durch politische und solidarische Instanzen zu-

—

46 Vgl. Schweizerische Akademie der medizinischen Wissenschaften, Rationierung im Schweizer Gesundheitswesen. Einschätzung und Empfehlungen. Bericht der Arbeitsgruppe «Rationierung» im Auftrag der Steuerungsgruppe des Projektes «Zukunft Medizin Schweiz», Basel 2007, 16.

47 Vgl. Hanfried Helmchen, Antidementiva in allokationsethischer Perspektive. Dem einzelnen Patienten verpflichtet: Dt. Ärzteblatt, Heft 36, 104/2007, A2396–2399.

48 Vgl. hierzu Peter Zweifel / Hans Telser, Rationierung: Der Königsweg im Gesundheitswesen? Praxis 89, 2000, 1181–1184.

gunsten der individuellen Präferenz durch die Wahl des Versicherungsvertrags ein, unterschlagen aber dabei, dass so die medizinische Rationierung in hohem Masse durch die ungleiche Vermögensverteilung determiniert wird.

Wenn man sich schliesslich verdeutlicht, dass über die Fragen der Ausstattung des Gesundheitswesens der Souverän entscheidet, diese also politische Fragen sind, dann ist die Vorstellung vom guten Leben, die in einer Gesellschaft vorherrscht, auch auf der Ebene des Richtigen von Bedeutung. So sehr es zutrifft, dass wir in einer pluralistischen Gesellschaft leben, lassen sich doch auch im Bereich des guten Lebens hegemoniale Vorstellungen identifizieren. Und wenn ein fragiles, durch hohe Angewiesenheit und geringe Selbstbestimmung charakterisiertes viertes Lebensalter, das vielleicht noch durch eine Demenzkrankheit erschwert wird, überhaupt nicht mehr als gutes Leben beschrieben und gedacht werden kann: Warum soll man dann für so etwas noch Ressourcen aufwenden? Dies wird besonders dann dringlich, wenn die – über die Ökonomie eingespielte und gegenwärtig hochplausible – Knappheitsunterstellung den weltbildhaften Hintergrund der Debatte abgibt: Wenn alle Ressourcen nämlich immer knapp und also umstritten sind, dann ist Rationierung unumgänglich. So sinnvoll freilich die Knappheitsannahme als ökonomisches Werkzeug zur Effizienzerhöhung der Allokation sein kann, taugt sie doch weder als kosmologisches noch als anthropologisches Grunddatum – so lässt sich die Grundverfasstheit der Welt in christlicher Perspektive vielmehr als Fülle verstehen, in der jedem Lebewesen ein genügendes Mass zur Verfügung steht, sodass es letztlich auf den Mitteleinsatz und die Verteilung ankommt.[49] Knappheit ist, so gesehen, eine Frage der Opportunitätskosten: In gesellschaftlicher Übereinkunft könnten wir Demenzkranken Bedingungen bieten, die ihnen im Rahmen der krankheitsbedingten, ohne Zweifel gravierenden Einschränkungen ein gutes Leben ermöglichen – wir müssten dafür vielleicht auf anderes verzichten. Auch wenn in gegenwärtigen Rationierungsdiskussionen – prinzipiell durchaus zu Recht – darauf verwiesen wird, dass solche Fragen angesichts gesellschaftlicher Pluralität nicht vorrangig aus der Sicht einer Perspektive des guten Lebens zu thematisieren sind,[50] ist angesichts der Demenzfrage doch darauf hinzuweisen, dass in der

---

49 Vgl. Konzept der Fülle auch Torsten Meireis, Tätigkeit und Erfüllung. Protestantische Ethik im Umbruch der Arbeitsgesellschaft, Tübingen 2008, 288–292.

50 Vgl. Markus Zimmermann, Wie lässt sich der Zugang zu medizinischen Ressourcen gerecht regeln? Kriterien der Priorisierung und Rationierung: ders., Bioethik in theologischer Perspektive. Grundlagen, Methoden, Berichte, Fribourg, Freiburg i. Br. u. a. [2]2010, 181–192 (182).

Ethik die Fragen des guten Lebens vielleicht zu lange und zu stark ausgeklammert worden sind – jedenfalls dann, wenn sich hinsichtlich des Lebens in der Demenzkrankheit allein derjenige als «Realist» soll fühlen dürfen, der diese Krankheit nur als «Hölle im Kopf», «Verlöschen» oder «geistigen Tod» zu verstehen vermag, nicht aber als Gestalt des Lebens, die trotz aller Einschränkungen Momente der Zuwendung und des Glücks enthalten kann.

Frank Mathwig

Rationalität, Vergessen und Demenz

Über ein komplexes Verhältnis

«Betrachte die Herde, die an dir vorüberweidet: sie weiss nicht, was Gestern, was Heute ist, springt umher, frisst, ruht, verdaut, springt wieder, und so vom Morgen bis zur Nacht und von Tage zu Tage, kurz angebunden mit ihrer Lust und Unlust, nämlich an den Pflock des Augenblicks, und deshalb weder schwermütig noch überdrüssig. [...] Der Mensch fragt wohl einmal das Tier: warum redest du mir nicht von deinem Glücke und siehst mich nur an? Das Tier will auch antworten und sagen: das kommt daher, dass ich immer gleich vergesse, was ich sagen wollte – da vergass es aber auch schon diese Antwort und schwieg: so dass der Mensch sich darob verwunderte.»

Friedrich Nietzsche[1]

«[...] ein ewiger Bund, der nicht vergessen wird!»
Jer 50,5

I. Vergessen zwischen Risiko und Gefahr

Vergessen stellt aus subjektiver Sicht eine objektive *Gefahr*, aus gesellschaftlicher Perspektive ein kalkulierbares *Risiko* dar. Das Unglück einer degenerativen Demenzerkrankung kann jede und jeden treffen. Menschen sind der Gefahr *(sich) zu vergessen* mehr oder weniger schutzlos ausgeliefert. Das Risiko, darüber hinaus auch noch *vergessen zu werden*, wird dagegen gesellschaftlich produziert: von sozial- und gesundheitspolitischen Präferenzen und Strategien und der Verteilung knapper gesellschaftlicher Aufmerksamkeitsressour-

---

1 Friedrich Nietzsche, Unzeitgemässe Betrachtungen. KStA, Bd. 1, München 1999, 248f.

cen einerseits und dem Funktionieren gesellschaftlicher Beziehungsstrukturen und sozialer Kohäsionskräfte andererseits. Nur ein einziger Buchstabe trennt die *Amnesie,* den Gedächtnisverlust von der *Amnestie,* der offiziellen Legitimation des Vergessens, dem Erlass der Verpflichtung zur bleibenden Vergegenwärtigung der Vergessenen. Das staatlich-rechtliche Institut der Amnestie bildet eine Art normatives Pendant zur selektiven Speicherung sinnlicher Eindrücke und kognitiver Informationen des Gehirns. Beide Kontexte verdeutlichen einerseits die Komplexität und Ambivalenzen des Vergessens und andererseits seine wesentlich soziale und politische Dimension, die in den medizinisch dominierten und personalethisch zugespitzten Demenzdiskussionen nur eine Nebenrolle spielen. Fähigkeiten und Kompetenzen sind nicht nur individuelle Merkmale der Person, sondern zugleich Ressourcen sozialer Teilhabe an den gesellschaftlichen Spielen zwischen Inklusion und Exklusion.

Die folgenden Überlegungen beschäftigen sich mit dem komplexen Verhältnis zwischen individuellem Betroffensein und den sozialen und gesellschaftlichen Folgen und beschränken sich auf eine ethische Problemtopographie. Die Begriffe «Gefahr» und «Risiko» stehen für die Doppelperspektivität der Amnesie: das Sich-Vergessen und das von anderen Vergessen-Werden. Diese Doppelperspektivität des Vergessens soll aber weder ethisch synthetisiert noch empathie- oder solidaritätsmoralisch entschärft werden. Vielmehr geht es aus moralkritischer Sicht um die Schärfung der Wahrnehmung für die politische Dimension des Problems dementiellen Vergessens. Am Ausgangspunkt der Überlegungen steht die – despektierlich anmutende, aber nicht ernsthaft zu bestreitende – Einsicht: Mit Menschen mit Demenz lassen sich kein Staat machen und keine Gesellschaft gestalten. An dieser Stelle kommt der dritte Begriff aus dem Titel ins Spiel: «Rationalität». Rationalität wird immer vorausgesetzt, sobald sich Menschen nicht nur rein affektiv oder bloss routiniert verhalten, sondern überlegt und zweckgerichtet handeln. Nach wie vor taugt Max Webers bekannte Definition aus den «Soziologischen Grundbegriffen» als Faustregel: «Zweckrational handelt, wer sein Handeln nach Zweck, Mitteln und Nebenfolgen orientiert und dabei sowohl die Mittel gegen die Zwecke, wie die Zwecke gegen die Nebenfolgen, wie endlich auch die verschiedenen möglichen Zwecke gegeneinander rational abwägt.»[2] Die handlungstheoretische Zuspitzung bildet bei dem Soziologen aber nur einen

---

2 Max Weber, Wirtschaft und Gesellschaft. Grundriss der verstehenden Soziologie, Tübingen [5]1980, 13.

Aspekt des umfassenden kulturanthropologischen Entzauberungsprogramms der Rationalisierung.

Vor dem Hintergrund der wissenschaftshistorischen Entwicklungen der *rational choice theory* und der Gerechtigkeitstheorie von John Rawls und mit aristotelischem Seitenblick rekonstruiert Otfried Höffe einen vierstufigen Rationalitätskomplex: «Auf der höchsten Stufe (Stufe 4) steht die Eudaimonie; auf der nächsten Stufe (Stufe 3) befinden sich die theoretische und politische Lebensweise, es folgen die sittlichen Grundhaltungen und die politisch-sozialen Institutionen (Stufe 2), auf der untersten Stufe (Stufe 1) stehen die konkreten Ziele und Mittel, die durch Kontextualisierung mit Hilfe der sittlichen Urteilskraft (*phronesis*) gewonnen werden.»[3] Die rationale Bändigung willkürlicher Herrschaft durch rechtlich legitimierte Machtverhältnisse und politische Verfahren gehört bleibend zu den grössten Errungenschaften der Neuzeit. Wer Demokratie und Verfahrenslegitimität einfordert und auf die diskursiv-deliberative Bearbeitung von Konflikten setzt, kommt um komplexe Rationalitätsannahmen nicht herum. Der prognostizierte kontinuierliche Anstieg des Anteils der Gesellschaftsmitglieder mit Demenzerkrankungen wird vielleicht einmal politik- und demokratietheoretisch ebenso viel Gewicht erhalten, wie die ökonomischen Herausforderungen, auf die heute fokussiert wird.

II. Warum Angst vor dem Vergessen?

«Unser Gedächtnis ist ein Erinnerungsspeicher von Gelerntem und früher Erlebtem und ist als eine der komplexesten und wichtigsten kognitiven Fähigkeiten ein integraler Bestandteil des Menschen. ‹Gedächtnis› ist hierbei ein Oberbegriff für eine Vielzahl zeitlich und inhaltlich unterschiedlicher Lern- und Erinnerungsleistungen mit dem Ziel, Informationen, sensorische Eindrücke und Emotionen innerhalb eines Verhaltenskontextes zu speichern und wieder abrufbar zu machen. Durch den Rückgriff auf Erlebtes und Vergangenes stellt es unsere Erinnerungen in einen zeitlich-räumlichen Kontext und bildet das Bewusstsein unserer Autobiographie und formt so unsere Identität und unser Selbstverständnis als individuelle Persönlichkeit. Insbesondere das autobiographische Gedächtnis zeigt die Möglichkeit, sein Ich in einen zeitlich-

---

3 Otfried Höffe, Sittlichkeit als Rationalität des Handelns?: Herbert Schnädelbach (Hg.), Rationalität. Philosophische Beiträge, Frankfurt a. M. 1984, 141–174 (171).

örtlichen Bezugsrahmen zu setzen und diesen zum Orientierungspunkt zukünftigen Handelns oder der Vorstellung davon zu machen. Die meisten Menschen sind so zu einer bewussten mentalen Zeitreise innerhalb ihrer Erinnerungen fähig und können diese auf einer metakognitiven Ebene auch reflektieren. Durch das Wiedererinnern von Erlebtem ist das Gedächtnis als Grundlage einer prospektiven Reflexionsfähigkeit planerisch in die Zukunft gerichtet. In diesem Sinne hat das Gedächtnis eine Bindungsfunktion zwischen Vergangenem und Zukunft sowie zwischen Altem und Neuem.»[4] Diese funktional-pragmatische Definition aus einem aktuellen medizinischen Lehrbuch über Gedächtnisstörungen bietet eine knappe Typologie menschlicher Gedächtnisleistungen, die bereits die weitreichenden Konsequenzen neurodegenerativer Prozesse und Erkrankungen erahnen lassen. Hervorgehoben werden Erinnerungsleistungen, die auf der metakognitiven Ebene zum Gegenstand identitätsstiftender und -stabilisierender Selbstreflexion werden. Das Erinnern und der rationale Umgang damit bilden die Ressourcen autonomer Selbstvergewisserung und zukunftsfähiger Selbstgestaltung. Menschen sind auf diese kognitiven Vermögen und Kompetenzen angewiesen, um handeln zu können bzw. präziser, damit ihr Verhalten als intentionales Handeln wahrgenommen und ihnen als ihr Handeln zugerechnet werden kann. (Auch Neurophysiologie und Hirnforschung sowie die daran anschliessenden Debatten um das Leib-Seele- und Bewusstseins-Problem haben an dieser für Politik, Recht und Gesellschaft fundamentalen subjekt- und handlungstheoretischen Relation zwischen Intentionalität und Zurechenbarkeit nichts geändert.)

Vor diesem Hintergrund ist die Furcht vor einer Demenzerkrankung unmittelbar verständlich. Wilfried Härle hat zwischen fünf Ängsten unterschieden:[5] Menschen haben Angst vor dem Vergessen, 1. weil sie ihre *Autonomie und Selbstbestimmung* in Gefahr sehen; 2. weil sie ihren *Verstand* für das Wertvollste halten, was sie besitzen; 3. weil sie damit ihre *Selbstkontrolle* zu verlieren drohen; 4. weil sie riskieren, in die *Abhängigkeit* von anderen zu

---

4 Thorsten Bartsch / Peter Falkai, Gedächtnisstörungen im Kontext neurologisch-psychiatrischer Erkrankungen: dies. (Hg.), Gedächtnisstörungen. Diagnostik und Rehabilitation, Berlin u. a. 2013, 3–13 (3).

5 Vgl. Wilfried Härle, Lebensqualität demenzkranker Menschen aus Sicht der christlichen Ethik: Andreas Kruse (Hg.), Lebensqualität bei Demenz? Zum gesellschaftlichen und individuellen Umgang mit einer Grenzsituation im Alter, Heidelberg 2010, 43–50 (46f.).

geraten und 5. weil sie befürchten, ihre *Würde* zu verlieren. Diese fünf Verlustängste, die Demenzerkrankungen so bedrohlich erscheinen lassen, sind keineswegs zufällig. Vielmehr präsentieren sie so etwas wie die Negativfolie eines Menschenbildes und Selbstverständnisses, die für die individualisierten und flexibilisierten Lebenswelten liberaler Gesellschaften typisch sind. Ihnen entsprechen die Leitvorstellungen von Autonomie und Selbstbestimmung, Souveränität und Rationalität, Selbstkontrolle und Unabhängigkeit vom Angewiesensein auf andere.

Dieser Zusammenhang wird von zweierlei Seite bestätigt. Interviews mit Demenzbetroffenen kommen zu dem Ergebnis, «dass der Krankheitsbeginn ganz überwiegend durch die Wahrnehmung schwerer Verlusterlebnisse gekennzeichnet ist. Diese beziehen sich in erster Linie auf Gedächtnis und Merkfähigkeit, aber auch auf Probleme der Wortfindung und des sprachlichen Kommunikationsvermögens, die Erschwerung und Verlangsamung bisher ausgeübter Tätigkeiten oder eine Einschränkung der Autonomie durch äussere Begrenzungen und Kontrollen der eigenen Handlungsfreiheit. Die hieraus resultierende Verunsicherung hat Gefühle von Ratlosigkeit, Depressivität und Zukunftsangst oder auch Unverständnis, Ärger und Gereiztheit zur Folge und kann namentlich in den frühen Krankheitsstadien als eine äusserst schwerwiegende, katastrophenähnliche Erfahrung erlebt werden.»[6] Der Heidelberger Psychologe und Gerontologe Andreas Kruse kommentiert: «An einer Demenz zu erkranken, in deren Folge unselbständig zu werden und die Fähigkeit zur Kommunikation zu verlieren, ist das wahrscheinlich am meisten gefürchtete Risiko des Alters. Die bei fortgeschrittener Demenz auftretenden kognitiven Einbussen werden von den meisten Menschen als Bedrohung der Person in ihrer Ganzheit betrachtet. [...] Die Demenzerkrankung macht [...] in besonderer Weise deutlich, dass Altern – zumindest solange man Kriterien wie Aktivität, soziale Teilhabe oder Produktivität zugrunde legt – nicht immer ‹gelingen› muss, auch dann nicht, wenn man sich lebenslang um eine selbstverantwortliche Lebensführung bemüht hat. [...] Die Konfrontation mit dem Krankheitsbild der Demenz erinnert den Menschen zudem an eine Dimension, die in seinem Streben nach Selbstständigkeit und Selbstbestimmung

---

6 Hans Lauter, Demenzerkrankungen und menschliche Würde: Kruse (Anm. 5), 27–42 (28).

rasch in Vergessenheit geraten kann: Die Dimension der bewusst angenommenen Abhängigkeit.»[7]

Die Befürchtungen, einerseits nicht mehr Frau oder «Herr im eigenen Haus»[8] und andererseits nicht länger des «eigenen Glückes Schmied» zu sein, stellen wohl den massivsten Angriff auf das durch Selbstbestimmung und Handlungssouveränität geprägte liberale Menschenbild dar. Die Suizidhilfediskussion bestätigt diesen Zusammenhang. Die im Anschluss an Wilfried Härle genannten fünf Befürchtungen im Blick auf Demenzerkrankungen weisen – wie eine Untersuchung von Susanne Fischer u. a. aufzeigt – signifikante Übereinstimmungen mit jenen Gründen auf, die Mitglieder von Suizidhilfeorganisationen als Motive für ihren Suizidwunsch nennen.[9] Die nach der – unmittelbar verständlichen – Angst vor Schmerzen am häufigsten genannten Motive sind: das Angewiesensein auf andere, der Verlust der Selbstbestimmung, Würdeverlust, neurologische Störungen, Mobilitätsverlust und allgemeine Schwäche – also alles Gründe, die mittelbar oder unmittelbar mit der Bedrohung der eigenen Handlungssouveränität zusammenhängen. Nüchtern betrachtet treibt die Aussicht darauf, auf die Unterstützung und Hilfe anderer angewiesen zu sein, in der Schweiz immer häufiger Menschen in den Tod.

III. Rationalität – So wenig wie möglich, so viel wie nötig?

In der Demenzdiskussion begegnen zwei sich widersprechende Behauptungen. Die eine These lautet: Der Verlust von Selbstbestimmung und Rationalität bedroht die gesellschaftliche Integration von Menschen mit Demenzerkrankungen. Die Gegenthese behauptet: Das in Gesellschaft und Medizin dominierende, selbstbestimmungs- und rationalitätsfixierte Menschenbild ist realitätsfremd, weil es wesentliche Aspekte des Menschseins notorisch ausblendet. Werden Menschen mit Demenzerkrankungen durch die «Neuronenmassaker» in ihren Gehirnen, wie die Tochter der dementen Mutter in Jörn

---

7 Andreas Kruse, Menschenbild und Menschenwürde als grundlegende Kategorie der Lebensqualität demenzkranker Menschen: Kruse (Anm. 5), 3–25 (5).

8 Sigmund Freud, Eine Schwierigkeit der Psychoanalyse. GW 12, Frankfurt a. M. 1947, 3–12 (11).

9 Susanne Fischer u. a., Reasons why people in Switzerland seek assisted suicide: the view of patients and physicians: Swiss Med Wkly 2009, 333–338.

Klares Theaterstück «Du sollst den Wald nicht vor dem Hasen loben» vermutet,[10] aus ihrem sozialen Umfeld herausgeschleudert? Oder sind sie der lebende Beweis für einen souveränitätsfixierten Tunnelblick von Gesellschaften, die die Lebenssituation von Menschen mit Demenz systematisch verdrängen und ausblenden? Verena Wetzstein bemerkt in dem Zusammenhang: «In einer Gesellschaft, in der Selbstbestimmung, Autonomie, intellektuelle Leistungsfähigkeit, Freiheit und Unabhängigkeit von höchster kultureller und politischer Relevanz sind, scheinen Menschen mit Demenz mit Voranschreiten des Prozesses genau das alles nicht mehr zu sein und verwirklichen zu können, was als Leitwert Geltung hat. Indem Rationalität und Selbstbewusstsein als Kernpunkte eines weithin vorherrschenden Menschenbildes gelten, erscheint es als eine logische Folge, Prozesse des Alterns, die mit einem Verlust der Fähigkeit zu rationaler Selbstbestimmung einhergehen, in den pathologischen Bereich zu drängen und mit dem Siegel ‹krank› zu versehen.»[11] In den Konsequenzen noch weiter geht der der Psychiater Thomas Fuchs: «Für die westlichen Kulturen ist Personalität entscheidend gebunden an die Intaktheit dieser Funktionen, an Überlegung, Intelligenz, Rationalität und Gedächtnis. Damit werden demenzielle Erkrankungen zur Bedrohung der Person in ihrem Kern, ja sie scheinen mehr als alle anderen psychischen Erkrankungen eine geradezu dehumanisierende Wirkung zu haben.»[12]

Beide Zitate bringen nicht nur die zentralen Aspekte der gesellschaftskritischen Demenzdiskussion auf den Punkt, sondern präsentieren zugleich eine Kritik am Rationalitätsbegriff. Das Komma zwischen «Rationalität» und «Vergessen» im Titel müsste danach durch ein «versus» oder «contra» ersetzt werden. Tatsächlich gibt es in der kritischen Demenzdiskussion eine unübersehbare Tendenz zu einer Relativierung der gesellschaftlich dominierenden, häufig ökonomisch geprägten Leitvorstellungen zugunsten einer manchmal ebenso einseitigen Profilierung kommunitär-karitativer und beziehungsethischer Begrifflichkeiten und Konzepte. Die der Suizidhilfediskussion zuweilen attestierte Kulturkampfattitüde macht auch vor der Demenzdiskussion nicht halt. Die Motive hinter der anerkennungswürdigen und engagierten Solidarität mit den Betroffenen folgen einer intuitiv nachvollziehbaren Logik, die

—

10 Online abrufbar unter: http://www.spiegel.de/kultur/gesellschaft/du-sollst-den-wald-nicht-vor-dem-hasen-loben-von-joern-klare-ueber-demenz-a-1015599.html (20.05.2015).

11 Verena Wetzstein, Ethik der Demenz. Eine Herausforderung für die Gesellschaft: Herder Korrespondenz 68, 8/2014, 407–411 (409).

12 Thomas Fuchs, Das Leibgedächtnis in der Demenz: Kruse (Anm. 5), 231–242 (231).

sich ungefähr so zusammenfassen lässt: Wenn immer mehr Mitmenschen den überkommenen und die Gesellschaft prägenden Selbstverständnissen nicht mehr entsprechen, müssen die Menschenbilder modifiziert werden. Ansonsten sind die soziale und irgendwann auch die moralische Exklusion einer immer weiter wachsenden gesellschaftlichen Gruppe vorprogrammiert. Diese Reaktion ist genauso naheliegend wie differenzierungsbedürftig. Lässt sich ein solches – explizit oder implizit – gefordertes radikales Umdenken der Selbstverständnisse und -verhältnisse vor dem Hintergrund der damit verbundenen epistemologischen, soziologischen, kulturanthropologischen und ethischen Konsequenzen plausibel begründen? Können wir tatsächlich wollen, was wir dort fordern? Ich möchte die Fragestellung in vier Hinsichten – Autonomie, Selektivität des Erinnerns, Kontingenzerfahrung und personale Identität – stichwortartig ausführen, um zu zeigen, welche Schwierigkeiten sich der eben geforderten Modifikation in den Weg stellen.

1. *Zur rationalen Konstruktion des ethischen Subjekts*

«Wissen ist Macht», behauptete der englische Philosoph und Politiker Francis Bacon im 16. Jahrhundert. Ein Jahrhundert später verlegten René Descartes und John Locke die Vorstellung der Person in die Innenperspektive der individuellen Selbstbeziehung. Der französische Philosoph brachte das auf die bekannte Formel: «Cogito ergo sum»[13] und für seinen englischen Kollegen wird die Person ausschliesslich durch die Einheit des Bewusstseins konstituiert.[14] Wiederum ein Jahrhundert später verkündete Immanuel Kant die Idee vom mündigen, autonomen Menschen: «Aufklärung ist der Ausgang des Menschen aus seiner selbst verschuldeten Unmündigkeit. [...] Sapere aude! Habe Mut dich deines eigenen Verstandes zu bedienen!»[15] Selbst denken! – Dieses Motto wurde nicht nur zum revolutionären Befreiungsschlag gegen menschliche Entmündigung, Fremdbestimmung und Unterdrückung, sondern auch zum Fundament einer auf Autonomie gründenden universalen Ethik.

Aus den neuzeitlichen Subjektivitätsphilosophien lassen sich – mit Johannes Eurich – Kernaspekte eines modernen Personenverständnisses herausarbeiten, die auch für die neuzeitlichen Ethikentwürfe grundlegend sind:

---

13 René Descartes, Die Prinzipien der Philosophie, Hamburg 2005, 14.

14 Vgl. John Locke, An Essay Concerning Human Understanding, Oxford 1979, cp. XXVII, § 10 (336): «For it being the same consciousness that makes a man be himself to himself, personal identity depends on that only.»

15 Immanuel Kant, Beantwortung der Frage: Was ist Aufklärung? (1783): ders., Werke, Bd. 6, Darmstadt 1983, A 482.

- «Der Mensch wird bestimmt als Vernunft- und Freiheitswesen,
- das befähigt ist zu einer umfassenden Selbstverfügung aus eigenem Urteil.
- Dies begründet zum einen seine Verantwortung,
- zum andern seine Unverfügbarkeit und damit
- die Unantastbarkeit seiner Würde als Person.»[16]

Diese Typologie deckt sich *grosso modo* mit Wilfried Härles Aufzählung der fünf Ängste gegenüber der Demenz, mit dem einen Unterschied, dass die Würde als Person hier – durch den Begriff der Unverfügbarkeit – jeder Definierbarkeit und Konditionalität entzogen wird. Zur Begründung verweist Johannes Eurich auf die Hegelsche Kategorie der Anerkennung, die von Axel Honneth, Jean-Pierre Wils u. a. für die aktuellen Ethikdiskurse fruchtbar gemacht wurde. «Personen erkennen einander wechselseitig den Personenstatus zu: ‹Weil Menschen als Vernunftwesen gleich sind, wird ihnen als Konsequenz daraus die Anerkennung des Anderen zugemutet. Aber als Gleiche können sie nur gelten, insofern sie sich bereits anerkannt haben.› […] ‹Anerkennung zollen wir bestimmten Merkmalen, die unter Absehung der jeweils idiosynkratrischen Individualität, also unter Absehung der strikten Besonderheit eines Menschen, allen zugeschrieben werden und die aus diesem Grund gleichermassen gültig sind und in gleichen Rechten zum Ausdruck kommen.› Person und Individuum werden daher wie folgt unterschieden: ‹Der moderne Diskurs der Rechte, die Personen zukommen, ist unlösbar an der Idee der Egalität ausgerichtet. Offenbar werden Personen zu solchen, insofern und insoweit gerade von deren Individualität abgesehen wird.›»[17]

Diese Konzeption ist gerade für eine Ethik der Demenz attraktiv, weil sie einerseits auf ein gradualistisches Verständnis von Respekt gegenüber der oder dem anderen abzielt und andererseits auf die unbedingte Anerkennung der anderen Person selbst. Allerdings – und darauf kommt es an dieser Stelle an – kann das Modell wechselseitiger Anerkennung, als Bedingung für die Egalität zwischen Menschen mit und ohne Demenz, genau auf die Dimension nicht verzichten, die den von Demenz Betroffenen sukzessive verloren geht:

---

16 Johannes Eurich, Eingeschränkte Menschenwürde. Unterschiedliche Menschenbilder in der Pflege und ihre Folgen für Menschen mit Demenzerkrankung: Pflege&Gesellschaft 13, 2008, 350–362 (353).

17 A. a. O., 353 und Lauter (Anm. 6). Zitiert wird Jean-Pierre Wils, Respekt statt Ausgrenzung – Die Ethik der «Anerkennung»: Sigrid Graumann u. a. (Hg.), Ethik und Behinderung. Ein Perspektivenwechsel, Frankfurt a. M. u. a. 2005, 81–91 (83.86).

die rationale Überlegung kontrafaktischer Anerkennung, die sich der eigenen Anerkennung durch die Person mit Demenz vergewissert, ohne dass diese umgekehrt dazu in der Lage wäre. Gerade weil wir nur zu gut wissen, dass es nicht rational wäre, zu unterstellen, dass sich Menschen immer rational verhalten, sind wir auf rationale Überlegungen angewiesen, um die fehlende Reziprozität rational-kontrafaktisch zu simulieren.

2. *Zur Rationalität selektiven Erinnerns*

Vergessen gilt bereits in der Antike als hohe Kunst. Cicero berichtet von dem Dichter Simonides, der dem athenischen Feldherrn Themistokles angeboten habe, ihn in der Kunst des Gedächtnisses (*ars memoriae*) zu unterweisen. Themistokles habe entgegnet, dass er über ein gutes Gedächtnis verfüge und deshalb eher an einer Kunst des Vergessens (*ars oblivionis*) interessiert sei.[18] Die Diskussion um Erinnern und Vergessen zieht sich durch die gesamte abendländische Philosophie und Literatur, erhält aber im Rahmen der jüngsten Debatten um Neuro-Enhancement, genauer das *Memory-Enhancement* in Form der pharmakologischen oder invasiven Gedächtnissteigerung, eine neue Variante. Vertreten wird die These, dass eine quantitative Steigerung basaler Bedingungen der Gehirnaktivitäten, etwa längere Wachheit und Konzentrationsfähigkeit oder ein grösseres Informationsspeichervolumen, die kognitiven Leistungen verbessern könnte.[19]

Dieser funktional-mechanistischen Auffassung vom Gehirn stehen aber jene seltenen Fälle einer sogenannten Hyperthymesie von Menschen, die über enorme kognitive Fähigkeiten verfügen, gegenüber. Die beiden bekanntesten Fälle – der Patient S. des russischen Psychiaters Alexander R. Luria und die US-Amerikanerin Jill Price – sind medizinisch gut dokumentiert und breit diskutiert und erlauben einen Blick aus der umgekehrten Perspektive. Beide Personen leiden auf verschiedene Weise an ihrer Begabung. «Besonders belastend sind für S. offensichtlich die mitunter absurden Erinnerungspfade, auf die ihn sein Gedächtnis führen kann. Die vielen ihn überschwemmenden Erinnerungseindrücke und Vorstellungen, die er synästhetisch bildet, fesseln sein Denken und erschweren dadurch sein Alltagsleben und seine Lebensführung. S. vollzieht, um der schieren Fülle an Erinnerungen zu entfliehen, ab und zu gar einen Persönlichkeitssplit und spricht von sich als ‹ich› und

---

18 Harald Weinrich, Lethe. Kunst und Kritik des Vergessens, München 2005, 23f.

19 Vgl. Joachim Boldt / Uta Bittner, Gedächtnis-Enhancement. Wie erstrebenswert wäre ein grenzenloses Gedächtnis?: Ethik Med 25, 2013, 315–328 (319).

‹ihm›.»[20] Und Jill Price erzählt in ihrer Lebensgeschichte: «‹In many years, my memory has been both a blessing and a curse›. Sie leidet darunter, dass ihre detaillierten Erinnerungen ein Eigenleben führen, da sie nicht nur dann erscheinen, wenn Price sie sich bewusst machen will, sondern auch ungesteuert in ihren Gedanken auftauchen: [...] ‹I live with a constant, unstoppable parade of the yesterdays of my life flashing furiously through my mind›. Hinzu kommt, dass sie sich an alle Ereignisse erinnern kann, die in ihrem Leben stattgefunden haben, inkl. der belastenden, wie Hassgefühle, Streitigkeiten, depressive Momente usw.»[21]

Joachim Bold und Uta Bittner diskutieren vor dem Hintergrund der beiden Fälle verschiedene Theorien zur Funktion von Erinnern und Vergessen und kommen zum Ergebnis: 1. «Erinnern als alles bestimmende Haltung gegenüber dem eigenen Leben kann die Fähigkeit zum Handeln aus Überzeugung unterminieren.»; 2. «Rein quantitativ gesteigertes Erinnern kann die Bildung und Stabilisierung selbst gewählter Überzeugungen vom richtigen Handeln behindern.»; 3. «Qualitativ gesteuertes Erinnern kann der Möglichkeit einer Re-Evaluierung im Weg stehen.»[22] Ohne auf die Thesen einzugehen, lässt sich sagen, dass sowohl die Manipulation des Gedächtnisses als auch die mnestischen Operationen selbst als im Kern intentionale Akte vorgestellt bzw. in Analogie dazu modelliert werden. Wenn man so will, präsentieren diese Überlegungen Versuche einer – im Weberschen Sinne – Rationalisierung der Gehirnfunktionen. Die Sichtweise vom Gehirn als Akteur wird durch die Enhancement-Perspektive und ihre Strategien in gewisser Weise vorgegeben, allerdings bleibt diese Quasi-Subjektivierung des menschlichen Gehirns und seiner Funktionen äusserst fragwürdig. Das Gehirn denkt eben nicht. Denken ist und bleibt eine menschliche Tätigkeit, die nicht biologisch delegiert werden kann. Und selbst wenn das Gehirn denken würde, gälte mit den Worten Niklas Luhmanns: «[...] das kann es nicht erinnern»[23].

Tauscht man die neurophysiologische Perspektive gegen eine sozialwissenschaftliche oder sozialpsychologische, erscheinen die Debatten noch in einem anderen Licht. Das neue Interesse an Erinnern und Vergessen[24] hängt

---

20 A. a. O., 318.

21 A. a. O., 318f. Die Zitate stammen aus Jill Price, The woman who can't forget, New York 2009.

22 A. a. O., 325f.

23 Niklas Luhman, Die Gesellschaft der Gesellschaft, Frankfurt a. M. 1998, 593.

24 Vgl. Christine Abbt, Vergessen: Natalie Pieper / Benno Wirz (Hg.), Philosophische Kehrseiten. Eine andere Einleitung in die Philosophie, Freiburg i. Br. 2014, 189–213;

unmittelbar mit den kommunikationstechnologischen Entwicklungen zusammen. Elena Esposito bemerkt: «Die Kommunikation stützt sich immer weniger auf das Bewusstsein einzelner Menschen als ‹Zwischenträger›. Der Gesellschaft sind Inhalte verfügbar, die keiner denkt, die aber dennoch nicht ‹vergessen› werden. Die Kommunikation wendet sich explizit an die Kommunikation selbst und entwickelt eine eigene Form von Gedächtnis, desto komplexer und ausgearbeiteter, je komplexer die Kommunikationstechnologien sind, die sie realisieren.»[25] Das hat zwei Konsequenzen: 1. Die Gesellschaft wird mit einer wachsenden Anzahl von Mitgliedern konfrontiert, die sukzessive alles vergessen und zugleich gewinnen Informationstechnologien einen immer grösseren Einfluss, die nichts mehr vergessen. Die Voreinstellung, die «sich automatisch realisiert, wenn man nicht anders optiert und weder Energie noch Aufmerksamkeit aufwendet, ist nunmehr Erinnern – nicht Vergessen. Zu erinnern ist viel einfacher und billiger geworden – Erinnern wird zum Normalfall.»[26] Ungeachtet der Behauptung von Alfred North Whitehead, «Knowledge does not keep any better than fish»[27], bleibt Wissen in Form erinnerter Information erhalten. 2. Wenn Erinnern und Vergessen sozusagen externalisiert werden, die Erinnerungsressourcen also nicht mehr

—

Aleida Assmann, Erinnerungsräume. Formen und Wandlungen des kulturellen Gedächtnisses, München 2009; Marc Augé, Les formes de l'oubli, Paris 1998; Kai Behrens, Ästhetische Obliviologie. Zur Theoriegeschichte des Vergessens, Würzburg 2005; André Blum u. a. (Hg.), Potenziale des Vergessens, Würzburg 2012; Günter Butzer / Manuela Günter (Hg.), Kulturelles Vergessen. Medien – Rituale – Orte, Göttingen 2004; Paul Connerton, How Modernity Forgets, Cambridge 2009; Oliver Dimbath / Peter Wehling (Hg.), Soziologie des Vergessens. Theoretische Zugänge und empirische Forschungsfelder, Konstanz 2011; Elena Esposito, Soziales Vergessen. Formen und Medien des Gedächtnisses der Gesellschaft, Frankfurt a. M. 2002; Sandra Markewitz (Hg.), Jenseits des beredten Schweigens. Neue Perspektiven auf den sprachlosen Augenblick, Bielefeld 2013; Sebastian Scholz / Gerald Schwedler / Kai-Michael Sprenger (Hg.), Damnatio in memoria, Köln 2014; Gary Smith / Emrich Hinderk (Hg.), Vom Nutzen des Vergessens, Berlin 1996.

25 Elena Esposito, Die Formen des Web-Gedächtnisses. Medien und soziales Gedächtnis: René Lehmann / Florian Öchsner / Gerd Sebald (Hg.), Formen und Funktionen sozialen Erinnerns. Soziales Gedächtnis, Erinnern und Vergessen – Memory Studies, Wiesbaden 2013, 91–103 (91).

26 A. a. O., 92.

27 Alfred North Whitehead, The Aims of Education and Other Essays, New York 1929, 147.

von den eigenen Vergegenwärtigungskapazitäten abhängen, wächst die Bedeutung der kommunikativen Rationalität, um an den Erinnerungen des «sozialen Gedächtnisses» (Elena Esposito) zu partizipieren.

3. *Zur Rationalität von Kontingenzbewältigung*

Menschliches Erleben wird durch Komplexität und Kontingenz permanent überlastet. Menschen haben nicht nur eigene Ziele, Wünsche, Absichten und Erwartungen, sondern stossen in der sozialen Welt ständig auf andere Menschen mit anderen – im Zweifelsfall kollidierenden – Zielen, Wünschen etc. Der Versuch, die eigenen Ziele einfach durchzusetzen, wäre ebenso riskant wie das andere Extrem, sie den Zielen anderer zu unterwerfen. Notwendig ist deshalb eine Rationalisierung bzw. ein «Reflexivwerden des Erwartens». «Der Erwartende muss lernen, nicht nur fremdes Verhalten, sondern auch fremde Erwartungen zu erwarten, vor allem die an ih[n] selbst gerichteten Erwartungen.»[28] Dieses Erwarten von Erwartungen liegt jedem sozialen Verhalten – ob kooperativ oder konflikthaft – zugrunde und verläuft, normativ konditioniert, hinter dem Rücken der Beteiligten. Diese Grundstruktur muss allerdings – nach Luhmann – um eine weitere Ebene ergänzt werden: die des Erwartens von Erwartungserwartungen. Ein naheliegendes Beispiel: Wer als Referent zu einer Tagung zum Thema «Demenz» eingeladen wird, erwartet, dass der Veranstalter und das Publikum von ihm einen Vortrag zum Veranstaltungsthema erwarten. Der Referent muss diese Erwartung miterwarten, weil ihm nur so klar wird, dass er mit einem Vortrag etwa über seinen Lieblingsfussballverein die Erwartungen der Veranstalter und des Publikums im Blick auf die erwarteten Erwartungen des Referenten arg irritieren würde. Der konstitutive Einbezug anderer Erwartungserwartungen kann natürlich nicht in jedem Einzelfall durchexerziert werden. Vielmehr geht es um die Etablierung einer Erwartungserwartungsstruktur, in der ein ursprüngliches subjektives Wollen als ein objektives und anonymes Sollen – Niklas Luhmann spricht von «Gebot» – erlebt wird.

Die Rekonstruktion von sozialen Normen als Erwartungen von Erwartungserwartungen lenkt den Blick auf einen blinden Fleck in der Diskussion um die in der Bio- und Medizinethik dominierenden Autonomiekonzepte und ihren Operationalisierungen etwa im *informed consent*-Prinzip oder Patientenverfügungen, bei denen es um die Feststellung des (mutmasslichen)

—

28 Niklas Luhmann, Normen in soziologischer Perspektive: Soziale Welt 20, 1969, 28–48 (31).

Willens der Betroffenen geht. Entsprechend lautet das erste bioethische Prinzip in dem internationalen Standardwerk von Beauchamp und Childress «Respect for autonomy»[29]. Die Umsetzung des Prinzips in der medizinischen Praxis ist wesentlich an Bedingungen der Urteilsfähigkeit gebunden:

- die Fähigkeit, Information in Bezug auf die zu fällende Entscheidung zu verstehen;
- die Fähigkeit, die Situation und die Konsequenzen, die sich aus alternativen Möglichkeiten ergeben, richtig abzuwägen;
- die Fähigkeit, die erhaltene Information im Kontext eines kohärenten Wertsystems rational zu gewichten;
- die Fähigkeit, die eigene Wahl zu äussern.[30]

Die normativen Grundsätze der Selbstbestimmung und Willensfreiheit stehen und fallen mit der rationalen Entscheidungs-, Einsichts- und Einwilligungsfähigkeit der Betroffenen und werden von zwei Seiten in Frage gestellt: einerseits von den Betroffenen selbst, die nicht (mehr) über die Fähigkeiten zur Selbstbestimmung verfügen und somit den Rationalitätsbedingungen der Urteilsfähigkeit nicht (mehr) entsprechen und andererseits durch Dritte, die anstelle der Betroffenen die notwendigen Entscheidungen treffen und stellvertretend für diese handeln. Im zweiten Fall droht ein Paternalismus, der aus der Medizingeschichte der «Halbgötter in Weiss» bestens bekannt ist und gegen den die bioethische Autonomieforderung ursprünglich angetreten war. Medizinischer Paternalismus stellt – sehr allgemein formuliert – das von Dritten definierte *Wohl* einer Patientin über ihren selbst ausgedrückten *Willen*.[31]

So entstehen Patientenverfügungen im Kontext kognitiver und normativer Erwartungskonstellationen, die sich von den Erwartungsstrukturen

---

29 Vgl. Tom L. Beauchamp / James F. Childress, Principles of Biomedical Ethics, New York u. a. ^{6}2009, 99-148.

30 Vgl. Schweizerische Akademie der medizinischen Wissenschaften (SAMW), Medizin-ethische Richtlinien. Betreuung von Patientinnen und Patienten am Lebensende, Basel 6/2014, 10; vgl. Georg Marckmann, Selbstbestimmung bei entscheidungsunfähigen Patienten aus medizinethischer Sicht: Christof Breitsameter (Hg.), Autonomie und Stellvertretung in der Medizin. Entscheidungsfindung bei nichteinwilligungsfähigen Patienten, Stuttgart 2011, 17–33 (21); Michael Wunder, Demenz und Selbstbestimmung: Ethik Med 20/2008, 17–25 (18).

31 Theda Rehbock, Autonomie – Fürsorge – Paternalismus. Zur Kritik (medizin-)ethischer Grundbegriffe: Ethik Med 14, 2002, 131–150 (132).

unterscheiden, in denen sie eventuell zur Grundlage von Entscheidungen herangezogen werden. Sie werfen deshalb unvermeidbar die Frage auf, ob die betroffene Person in der aktuellen Situation tatsächlich so entschieden hätte, wie sie zu einem Zeitpunkt in der Vergangenheit ihre Entscheidung dokumentiert hat. In der Literatur ist dieser Konflikt eingehend an dem Fall der Patientin «Margo» diskutiert worden, die an der Alzheimer Demenz leidet und eines Tages an einer Lungenentzündung erkrankt. Die für alle Aussenstehenden ausgesprochen glücklich wirkende Frau hatte in ihrer Patientinnenverfügung im Falle einer Demenz alle lebenserhaltenden Massnahmen untersagt.[32] Kognitive und normative Erwartungen – soziale Lernwillig- und Unwilligkeit – sind nicht nur für jede Form von Kommunikation unverzichtbar, sie erhalten ein besonderes Gewicht in solchen Situationen, in denen Kommunikation verweigert oder unmöglich wird.

4. *Zur Rationalität personaler Identität*

Die französische Phänomenologie und angelsächsische *ordinary language philosophy* haben mit den Figuren der und des Anderen bzw. der Sprachgemeinschaft einen wesentlichen Beitrag zur Dekonstruktion der an der Idee der Vernunftautonomie bzw. der Willensfreiheit orientierten Subjektphilosophien geliefert.[33] Die Artikulation der eigenen Person in der grammatischen Form des Personalpronoms «ich» bewegt sich notwendig im Raum sprachlicher Konventionen. Weil – im Anschluss an Ludwig Wittgensteins Überlegungen zum Regelfolgen und gegen die Unmöglichkeit einer Privatsprache[34] – Sprechen immer das eigene, die verwendete Sprache aber immer die gemeinsame (also die eigene und die der anderen) ist, beschränkt sich Erinnerung nicht nur auf einen subjektiven Vorgang, «der unabhängig von sprachlichem (und

—

32 Vgl. Peter Dabrock, Formen der Selbstbestimmung. Theologisch-ethische Perspektiven zu Patientenverfügungen bei Demenzerkrankungen: ZME 53, 2007, 127–144 (128f.).

33 Vgl. zur jüngeren Entwicklung Hans-Dieter Gondek / László Tengelyi, Neue Phänomenologie in Frankreich, Berlin 2011.

34 Vgl. Ludwig Wittgenstein, Philosophische Untersuchungen: Werkausgabe, Bd. 1, Frankfurt a. M. 1984, §§ 136–316; vgl. dazu Saul A. Kripke, Wittgenstein über Regeln und Privatsprache. Eine elementare Darstellung, Frankfurt a. M. 2006. Zum Vergessen aus semiotischer Perspektive vgl. Umberto Eco, An Ars Oblivionalis? Forget It!: PMLA 103, 1988, 254–261; Sybille Krämer, Das Vergessen nicht vergessen! Oder: Ist das Vergessen ein defizienter Modus von Erinnerung?: Paragrana 9, 2000, 251–275.

nichtsprachlichem) Ausdrucksverhalten verständlich wäre. Erinnerung vollzieht sich immer schon als Sprache und ist damit stets eingebettet in eine von vielen geteilte Praxis. Individuelle Erinnerung ist gemeinsame Erinnerung. Sie ist stets plural und in einem Bezug auf die konventionalisierte Allgemeinheit.»[35] Das individuelle Vergessen im Kontext dieses stets gemeinsamen Erinnerns hat also den Effekt, dass sich diese Person nicht nur an etwas nicht mehr erinnert, sondern dass sie vergessen hat, was in der kollektiven Erinnerung weiterhin präsent ist («*ich* habe meinen Namen vergessen» – «*dein/ihr* Name lautet xy»).[36] Zugleich geht das «ich» der Person nicht in dem auf, was andere von «ihr» wissen und über «sie» sagen können. In Hans Magnus Enzensbergers Gedichttitel «Ich bin, was du vergessen hast»[37] kommt die paradoxe Struktur personaler Identität treffend zum Ausdruck. «1. Ohne Erinnerung gibt es keine Identität. 2. Ohne Vergessen gibt es keine Identität.»[38] Freilich gilt auch in diesem poetischen Zusammenhang: Das dynamische Komplementaritätsverhältnis ist besonders im Blick auf die Markierung und Behauptung von Differenz stets sprachlich und insofern notwendig rational vermittelt.

IV. Persistenz und Identität

«Ich habe mich sozusagen selbst vergessen.» Diesen Satz äusserte Auguste Deter häufiger. Sie war im Jahr 1901 in die Frankfurter Irrenanstalt eingeliefert worden. Die Krankenakte Auguste D. ging als erster Alzheimerfall in die Medizingeschichte ein. Die Diagnose hatte ihr damaliger Arzt, der Psychiater

---

35 Christine Abbt, «Ich bin, was du vergessen hast»: Unimagazin 3/08, 2008, 54–55 (55).

36 Daran schliesst die – von Hannah Arendt, Es gibt nur ein einziges Menschenrecht: Otfried Höffe / Gerd Kadelbach / Gerhard Plumpe (Hg.), Praktische Philosophie/Ethik. Reader, Bd. 2, Frankfurt a. M. 1981, 152–167 aufgeworfene – fundamentale Frage nach der Bedeutung der Zugehörigkeit zu einer Kommunikationsgemeinschaft für die Konstitution der Person an.

37 Hans Magnus Enzensberger, Liebesgedichte, Frankfurt a. M. 2008, 20.

38 Abbt (Anm. 35), 55.

und Neuropathologe Alois Alzheimer, gestellt, nach dem die von ihm entdeckte Krankheit später benannt wurde.[39] Auguste D. bringt mit dem zitierten Satz zum Ausdruck, dass Demenzerkrankungen keine leiblichen Defekte sind, die die Medizin korrigieren könnte (zumindest damals und bisher nicht). Zwar korrespondieren mit der Demenz bestimmte Krankheitssymptome, aber Demenz ist weit mehr als eine Krankheit, die im Sinne einer statistischen Normalabweichung kompensatorischen Strategien zugänglich wäre. Der Psychiater Klaus Dörner spricht deshalb pointiert von der «neue[n] menschliche[n] Seinsweise der Demenz»[40]. Wir müssen begreifen lernen, «was es heisst, dass von jetzt an die völlig neue Bevölkerungsgruppe in der menschlichen Seinsweise des Dementseins, fremdartiger als alle Migranten, [...] ein Teil von uns ist»[41]. Und Dörner fährt fort: «Wir haben nicht ohne Widerspruch zu lernen, dass Dementsein eine subjektiv genauso sinnvolle menschliche Seinsweise ist und genauso zum Menschsein gehört wie Kindsein, Erwachsensein und aktiv Altsein, nicht nur mit denselben Grundrechten, sondern auch mit denselben Verstehensmöglichkeiten. [...] Die menschliche Seinsweise des Dementseins lehrt mich als Sohn, Schwiegertochter oder Ehefrau, dass Selbstbestimmung nicht ohne Fremdbestimmung zu haben ist, Unabhängigkeit nicht ohne Abhängigkeit, Erwachsensein nicht ohne Kindsein. Gerade dann, wenn die Sprache nicht mehr verfügbar ist, kann mir mein dementer Nächster so widerfahren, dass unsere Beziehung nicht mehr von den eingeschliffenen rationalen Wortwechseln gestört wird und eben dadurch einen existenziellen Tiefgang erreicht, wie nie zuvor oder allenfalls wie in der frühen Kindheit.»[42]

Auch diese Einsichten über die gesellschaftliche Realität von Irrationalität verdankt sich wiederum rationaler Überlegung und Reflexion. Natürlich ist Irrationalität ein alltägliches Phänomen. Das Verhalten von kleinen Kindern und Verliebten kennen die meisten und der Umgang mit psychisch Kranken, Menschen unter Drogeneinfluss, politischen und religiösen Extremistinnen und Extremisten stellt Gesellschaften immer wieder vor schwierige Herausforderungen. Aber all diese Fälle gelten als Kandidatinnen und Kandidaten,

---

39 Vgl. Christina Aus der Au, Leiblichkeit: Die rezeptive Dimension des Selbst. Von der Alzheimer-Krankheit zur conditio humana: Thomas Klie / Martina Kumlehn / Ralph Kunz (Hg.), Praktische Theologie des Alterns, Berlin 2009, 133–153 (134).

40 Klaus Dörner, Die neue menschliche Seinsweise der Demenz: Bundesgesundheitsblatt – Gesundheitsforschung – Gesundheitsschutz 48/2005, 604–606.

41 A. a. O., 604.

42 A. a. O., 604f.

die die Ausnahme von der Regel normalen, rational reflektierten Handelns bestätigen. Unterstellt wird dabei, dass sie sich unter anderen, günstigeren Umständen anders verhalten würden. Abgesehen von Kindern und Verliebten, deren Verhalten für die jeweilige Lebensphase konstitutiv, aber auf diesen Zeitabschnitt begrenzt ist, wird darüber hinaus angenommen, dass das irrationale Verhalten mehr oder weniger explizit gegen den eigenen Willen gerichtet ist und geschieht.[43] Klaus Dörner wendet sich mit seiner emphatischen Problemanzeige gegen diese Kompensationsstrategie zur Rettung des Rationalitätsprimats. Irrationalität bildet im Kontext von Menschen mit Demenz nicht die Abweichung und Ausnahme, sondern den Normalfall, insofern der Verlust von Rationalität, Reflexivität und Erinnerungsvermögen irreversible Prozesse darstellen.

Die Rede vom Normalfall setzt immer schon reflexive normative Prozeduren auf der Metaebene voraus, die beobachtbares Verhalten als zutreffend oder nicht zutreffend taxieren.[44] Die Person erlebt sich selbst stets als «normal», es sei denn, sie verhält sich reflexiv gegenüber sich selbst, eine Haltung, die im Alltag – wie von Aristoteles (Ethos) bis Pierre Bourdieu (Habitus) und Niklas Luhmann (Code) immer wieder festgestellt worden ist – die Ausnahme darstellt. Insofern gehört das Kriterium der Normalität in den Bereich sozialer Konventionen und nicht in den Kontext vorreflexiver Selbstwahrnehmungen, die stattdessen (nicht begründungstheoretisch) «intuitiv-kohärentistisch» orientiert sind. «Kohärenz» meint hier das Erleben der Einheit der Person im konkreten Sich-Erleben als einheitliche Persönlichkeit. Damit einher geht ein Perspektivenwechsel von der Wahrnehmung der Person im Blick auf die Kohärenz ihres beobachtbaren Verhaltens zur teilnehmenden Wahrnehmung ihrer Integrität als einheitliche Persönlichkeit.

Michael Quante hat gezeigt, dass die *Persistenz* der Person in ihrer Identität über die Zeit hinweg und ihre *Persönlichkeit* im Alltag weitgehend übereinstimmen und erst in der bioethischen Analyse über ihren normativen Status auf künstliche Weise auseinandergerissen werden. Der methodische Beobachterfokus der Bioethik versperrt den Blick auf die und aus der Teil-

---

43 Vgl. im Blick auf das Verhalten von Menschen unter Drogeneinfluss Harry G. Frankfurt, Willensfreiheit und der Begriff der Person: ders., Freiheit und Selbstbestimmung, Berlin 2001, 65–83.

44 Zur Kritik am Normalitätsbegriff vgl. programmatisch Georges Canguilhem, Das Normale und das Pathologische, Berlin 2012 sowie Jürgen Link, Versuch über den Normalismus, Opladen 1997.

nehmerperspektive. Persistenz als «kausale Ermöglichungs- und nomologische Rahmenbedingung für die Ausbildung und Gestaltung einer personalen Lebensführung»[45] lässt sich aus der Beobachterperspektive nicht einholen und bleibt deshalb ein blinder Fleck in der Bioethik. Stattdessen wird auf Rationalitätsbedingungen zurückgegriffen, unter der Annahme, dass diese das leisten, was sich jeder Beobachtung entzieht. In diesem Sinne greifen Bioethiken selbstverständlich auf rechtliche Kategorien der Zurechnungs- und Verantwortungsfähigkeit zurück. Dabei wird häufig übersehen, dass Zurechnungs- und Verantwortungsfähigkeit Ausdrucksformen aber nicht Bedingungen personaler Identität darstellen und deshalb das Ableitungsverhältnis nicht im Sinne eines Bedingungsverhältnisses umgekehrt werden darf.[46]

Für die ursprüngliche und in diesem Sinne fraglose und vor-kommunikative (im Gegensatz zu einer reflektierten und festgestellten) *Übereinstimmung mit sich selbst* bietet sich der Begriff der *Authentizität* an. Ein Konzept vorreflexiver Authentizität stützt sich nicht auf die Rationalität von Urteilen, Entscheidungen und Gründen, sondern auf die Kohärenz des Verhaltens einer Person. Vorreflexive Authentizität verzichtet auf Rationalitätsbedingungen, ohne damit das «evaluative Selbstverständnis der Person»[47] zu bestreiten. Subjektivität konstituiert sich in nicht reflektierten, «basalen Formen emotio-

---

45 Michael Quante, Personales Leben und menschlicher Tod. Personale Identität als Prinzip der biomedizinischen Ethik, Frankfurt a. M. 2002, 339.

46 Dieser Umkehrungsfehler liegt auch dem Votum von Volker Gerhardt, Die Tragödie der Demenz darf nicht verschwiegen werden: Deutscher Ethikrat, Demenz und Selbstbestimmung. Stellungnahme, Berlin 2012, 101–106 (102f.) zugrunde: «Das ethische Problem der Demenz liegt nun darin, dass dem Kranken [die] Selbstbestimmung nicht mehr zugestanden werden kann. […] Damit geht das zu Ende, worauf die mühevolle Erziehung zu Eigenständigkeit und Mündigkeit gerichtet war. Der Mensch ist nicht mehr der, der er sein sollte und sein wollte. […] Die auf Selbstbeobachtung, Selbstreflexion und Selbstverantwortung beruhende individuelle Selbstbestimmung des eigenen Lebens ist, gerade im Ernstfall existenziellen Handelns, nicht mehr einzufordern.» Dass der Mensch nicht mehr der ist, der er einmal war, ist unbestritten (aber wer könnte das schon von sich behaupten unter den Bedingungen von Kontingenz?). Aber dass der Mensch mit Demenz nicht mehr der ist, der er sein will, ist eine Behauptung, die nur unter der zweifelhaften Prämisse eines allgemeinen anthropologischen Willens zu Rationalitätssteigerung plausibel gemacht werden kann.

47 Quante (Anm. 45), 193.

naler oder affektiver Art› und bildet den nicht notwendig bewussten «authentischen ‹Kern›» der Person, der für ihre Wertungen und Handlungen leitend ist. «Eine Persönlichkeit kann sich durch ein evaluatives Selbstbild konstituieren, welches sich in der Lebensführung als Kohärenz erzeugender und Handlungen leitender Kern vorreflexiv authentischer Wünsche und Überzeugungen manifestiert, ohne selbst für die jeweilige Person thematisch zu werden.»[48] Aus dieser Perspektive fragen Dritte nicht nach der Plausibilität der Gründe, die eine Person für ihre Entscheidungen und Handlungen angibt. Vielmehr geht es darum, das Verhalten dieser Person als kohärenten Ausdruck ihrer Wertungen und ihres Selbstbildes wahrzunehmen.

Jedem Menschen muss eine solche vorreflexive Authentizität unterstellt werden,[49] denn sie lässt sich nicht beobachten und deshalb nur bei der Person selbst nachfragen. Die Tatsache, dass sie vielleicht nicht antwortet, weil sie nicht antworten kann oder die Frage nicht versteht, sagt etwas über ihre Kommunikationsfähigkeit und die Fähigkeit, ihre Selbstwahrnehmungen zu kommunizieren, aus, aber nichts über die Möglichkeiten ihrer Selbstempfindungen. Die Begegnung mit Menschen mit fortgeschrittener Demenz ist auf story-kontextualisierte, narrativ vermittelte Zugänge angewiesen.[50] Entscheidend kommt es nicht darauf an, die betroffene Person in ihren Geschichten, sondern die Geschichten der anderen mit der betroffenen Person wahrzunehmen. Eine solche narrative Strukturierung einer gemeinsamen *story* von Betroffenen und Beteiligten setzt nicht nur die Anerkennung des Menschen mit Demenz in seiner Persönlichkeit voraus. Sie macht auch auf die kritische Funktion von Rationalität aufmerksam, die darin besteht, Rationalität nicht dort kriteriologisch vorauszusetzen und zu behaupten, wo sie nichts austragen kann.

—

48 A. a. O., 193f.

49 Es wäre aber weiterzufragen, ob diese Unterstellung nur rational geleistet werden kann oder ob sie nicht in jeder affektiven und empathischen Beziehung zwischen Menschen immer schon vorausgesetzt wird und faktisch realisiert ist.

50 Vgl. Marco Hofheinz / Frank Mathwig / Matthias Zeindler (Hg.), Ethik und Erzählung. Theologische und philosophische Beiträge zur narrativen Ethik, Zürich 2009.

Melanie Werren

Demenz und die «Autonomie des Augenblicks»

«An einer Demenz zu erkranken, in deren Folge unselbständig zu werden und die Fähigkeit zur Kommunikation zu verlieren, ist das wahrscheinlich am meisten gefürchtete Risiko des Alters.»[1]

Eine Demenz stellt laut Heinz Rüegger einen der zentralen Schlüsselwerte unserer Gesellschaft, nämlich die Autonomie, radikal in Frage.[2] So wird es für einen Menschen mit Fortschreiten einer Demenz immer schwieriger, seine Wünsche und Bedürfnisse zu äussern. Gesprächen, bei denen es um sie geht, bei denen aber mehrere Gesprächspartnerinnen und Gesprächspartner involviert sind, kann sie nicht folgen und kann sich dementsprechend nicht einbringen. Er ist nach einem Heimeintritt auf die Unterstützung beim Toilettengang angewiesen, weil er die Toilette nicht mehr findet. Wenn sie im Nachthemd draussen einen Spaziergang machen möchte, wird sie von der Betreuungsperson von diesem Vorhaben abgebracht.

Diese Beispiele zeigen, dass eine Demenz einen Angriff auf die Autonomie eines Menschen im Sinne der Selbstbestimmung darstellt. Auch Ruth Schwerdt geht davon aus, dass einem Menschen mit fortgeschrittener Demenz mit dem Verlust der sprachlichen Fähigkeiten zugleich die Autonomie verloren geht. Sie versteht unter Autonomie «die Ausübung der Kompetenz, ‹für sich zu sprechen›»[3]. Was einem Menschen in diesem fortgeschrittenen Stadium der

---

1 Andreas Kruse, Menschenbild und Menschenwürde als grundlegende Kategorien der Lebensqualität demenzkranker Menschen: Andreas Kruse (Hg.), Lebensqualität bei Demenz? Zum gesellschaftlichen und individuellen Umgang mit einer Grenzsituation im Alter, Heidelberg 2010, 3–25 (5).

2 Vgl. Heinz Rüegger, Alter(n) als Herausforderung. Gerontologisch-ethische Perspektiven, Zürich 2009, 146.

3 Ruth Schwerdt, Lernen der Pflege von Menschen mit Demenz bei Alzheimer-Krankheit. Anforderungen an die Qualifikation professioneller Helferinnen und Helfer: Zeitschrift für medizinische Ethik 51, 2005, 59–76 (61). Was unter Autono-

Demenz aber bleibt, ist nach Ruth Schwerdt die «Autonomie des Augenblicks».

Ich möchte mich im Folgenden mit diesem Konzept der «Autonomie des Augenblicks» auseinandersetzen. Hierzu werde ich in einem ersten Schritt das Konzept vorstellen, um es dann in einem zweiten Schritt kritisch zu reflektieren. Schliesslich dient mir die «Autonomie des Augenblicks» als Entdeckungszusammenhang, um in einem dritten Schritt der Frage nachzugehen, ob und wie die Bereitschaft, sich in die Lebenswelt eines Menschen mit Demenz hineinzuversetzen, anhand von Elementen der narrativen Ethik konkretisiert werden kann.

I. Die «Autonomie des Augenblicks»

Der Begriff der «Autonomie des Augenblicks» wird von Ruth Schwerdt in ihrem Artikel «Lernen der Pflege von Menschen mit Demenz bei Alzheimer-Krankheit» aus dem Jahr 2005 entfaltet und soll in diesem Kapitel näher umrissen werden.

Die «Autonomie des Augenblicks» bleibt Menschen mit Demenz auch mit Fortschreiten ihrer Krankheit erhalten und umfasst die Vorstellung, dass «ihre aktuellen Gefühle, Wünsche, Sinneseindrücke, Impulse aus der Umgebung, die Begegnung mit anderen Menschen (oder mit Tieren)»[4] in Reichweite bleiben.

Die «Autonomie des Augenblicks» braucht zu ihrer Sicherung zehn Bedingungen, die von Menschen, die sich im Umfeld von Menschen mit Demenz bewegen, erfüllt werden müssen. Ruth Schwerdt nennt zunächst die folgenden zwei Bedingungen:

1. Die Achtung vor einem Menschen mit Demenz als würdetragende Person,[5] unabhängig von der äusseren Erscheinung und vom Verhalten.

---

mie bzw. Selbstbestimmung zu verstehen ist, ist äusserst komplex. Irrgang unterscheidet z. B. vier unterschiedliche Interpretationen des Autonomiebegriffs. Vgl. Bernhard Irrgang, Einführung in die Bioethik, München 2005, 77–86.

4 A. a. O., 61.

5 Ruth Schwerdt verwendet im Zusammenhang mit der «Autonomie des Augenblicks» häufig den Personenbegriff und spricht beispielsweise von einer «Person mit Demenz» (A. a. O., 62). Da ich die Diskussion um den Personenbegriff

2. Der Wille, diesem Menschen nicht zu schaden.
   Menschen, die mit Menschen mit Demenz in der gesundheitlichen oder seelsorglichen Betreuung zu tun haben, müssen sieben zusätzliche Bedingungen erfüllen:
3. Wissen über die Krankheit, ihren Verlauf und ihre Konsequenzen für die Alltagsaktivitäten.
4. Wissen über objektive Aspekte der Lebensqualität von Menschen mit einer Alzheimerkrankheit.
5. Wissen über die Biographie eines Menschen mit Demenz, wobei ein Bewusstsein der bleibenden Plastizität des Erlebens und Verhaltens in der Fortschreibung dieser Biographie gefragt ist.
6. Die Bereitschaft, sich in die Lebenswelt von Menschen mit Demenz hineinzuversetzen, auch wenn sie sich nur noch eingeschränkt verbal ausdrücken können.
7. Eine wache Aufmerksamkeit für Anzeichen, die einen Eindruck von der momentanen Befindlichkeit und dem Erleben des betroffenen Menschen ermöglichen.
8. Eine wache Aufmerksamkeit für die Möglichkeiten, die der Mensch mit Demenz für einen Dialog eröffnet, und die Bereitschaft, diesen Dialog auf ungewohnte non-verbale Art und Weise zu führen.
9. Der Wille, zum Guten dieses Menschen zu wirken.
   Eine zehnte Bedingung sieht Schwerdt nur für Pflegende vor:
10. Die Fähigkeit, zum Guten des Menschen mit Demenz zu wirken.[6]
   Ruth Schwerdt begründet diese letzte Bedingung, die sich ausschliesslich an Pflegende richtet, damit, dass das Handeln der Pflegenden im Sinne von Leibsorge direkt auf die Person gerichtet ist.[7]

Es ist im Hinblick auf die Reflexion vorauszuschicken, dass Ruth Schwerdt ihr Konzept der «Autonomie des Augenblicks» sehr dicht, auf nur zwei Seiten entwickelt. Daraus resultiert eine Offenheit bezüglich der Interpretation von Begriffen und Inhalten. Ausserdem bietet das Konzept Anknüpfungspunkte für weiterführende Fragen. Gerade diese offenen Stellen und weiterführen-

---

in diesem Artikel nicht aufgreifen möchte, werde ich von Menschen mit Demenz sprechen.

6 Vgl. a. a. O., 61f.

7 Vgl. a. a. O., 62.

den Fragen sollen im Folgenden benannt und einer kritischen Reflexion unterzogen werden. Es soll aber auch eine Würdigung der «Autonomie des Augenblicks» erfolgen.

II. Reflexion der «Autonomie des Augenblicks

Zu würdigen ist erstens, dass mit der «Autonomie des Augenblicks» eine Form von Selbstbestimmung entworfen wird, die für Menschen mit Demenz zugänglich ist. So nennt beispielsweise Monika Bobbert die «Autonomie des Augenblicks» als eine Grundlage für das Recht auf informierte Zustimmung bei Menschen mit kognitiven Einschränkungen, aber auch für das Recht auf die Festlegung des Eigenwohls und für das Recht auf eine möglichst geringe Einschränkung des Handlungsspielraums.[8] Die «Autonomie des Augenblicks» erscheint somit als ein realistisches Konzept, da Entscheidungen, die situationsbezogen sind und das Hier und Jetzt betreffen, von Menschen mit Demenz eher getroffen werden können.

Es ist zweitens würdigend zu erwähnen, dass mit den Bedingungen drei bis acht wesentliche Aspekte angesprochen werden, die für Menschen, die sich im Umfeld von Menschen mit Demenz bewegen, bedeutsam sein können. So trägt das Wissen über die Krankheit und ihren Verlauf, über objektive Aspekte von Lebensqualität und über die Biographie sicherlich zum besseren Verständnis der Verhaltensweisen von Menschen mit Demenz bei. Es kann sein, dass diese Informationen in der konkreten Situation zur Sicherung der

---

8 Vgl. Monika Bobbert, Menschenwürde und Pflege. Schutz der Handlungsfähigkeit: Jan C. Joerden u. a. (Hg.), Menschenwürde und Medizin. Ein interdisziplinäres Handbuch, Berlin 2013, 651–666 (655–658). Vgl. auch Monika Bobbert, Die Pflege nicht entscheidungsfähiger Patienten und die Reichweite des Autonomiekonzepts: Christof Breitsameter (Hg.), Autonomie und Stellvertretung in der Medizin. Entscheidungsfindung bei nichteinwilligungsfähigen Patienten, Stuttgart 2011, 139–173 (154). Das Autonomiekonzept von Bobbert besteht aus fünf Einzelrechten: (1) Recht auf Zustimmung oder Ablehnung; (2) Recht auf Information; (3) Recht auf Festlegung des Eigenwohls; (4) Recht auf Wahl zwischen möglichen Alternativen; (5) Recht auf eine möglichst geringe Einschränkung des Handlungsspielraums durch Institutionen. Diese fünf Einzelrechte sind zu finden in Monika Bobbert, Patientenautonomie und Pflege. Begründung und Anwendung eines moralischen Rechts (Kultur der Medizin 5), Frankfurt a. M. u. a. 2002, 134–144.

«Autonomie des Augenblicks» des an Demenz erkrankten Menschen beitragen können. Allerdings muss immer im Bewusstsein bleiben, dass dieses objektive Wissen über die Demenzerkrankung und die Lebensqualität nicht mit dem subjektiven Erleben des Menschen mit Demenz übereinstimmen muss. Hier kommt das von Ruth Schwerdt erwähnte Wissen über die Biographie ins Spiel, wobei jedoch bedacht werden muss, dass sich durch eine Demenzerkrankung die Persönlichkeit eines Menschen mit Demenz verändern kann und neue Wesenszüge, Vorlieben und Abneigungen zum Vorschein kommen können.

Drittens nennt Ruth Schwerdt mit den Bedingungen sechs bis acht die Bereitschaft, sich in die Lebenswelt eines Menschen mit Demenz hineinzuversetzen, die wache Aufmerksamkeit für Zeichen der momentanen Befindlichkeit sowie für Möglichkeiten, die einen (auch non-verbalen) Dialog ermöglichen, Wege, um einen Zugang zur subjektiven Erlebniswelt eines Menschen mit Demenz zu erhalten. Wie diese anspruchsvollen Zugangsweisen allerdings realisiert werden können, wird von Schwerdt nicht weiter ausgeführt. Weitere Überlegungen zur Bereitschaft, sich in die Lebenswelt von einem Menschen mit Demenz hineinzuversetzen, sollen in Kapitel III. erfolgen.

Noch weitere offene Stellen und weiterführende Fragen lassen sich im Konzept der «Autonomie des Augenblicks» ausmachen:

Zunächst ist der Autonomiebegriff zu nennen, der von Ruth Schwerdt mit der «Ausübung der Kompetenz, ‹für sich zu sprechen›»[9] bestimmt wird. Es handelt sich bei der Autonomie also um eine Kompetenz, die verloren gehen kann und insbesondere bei Menschen mit Demenz verloren geht, und nicht um ein Recht, das für alle Menschen zu gelten hat. Es ist hier auch nicht von Autonomie im strengen kantischen Sinn der Selbstgesetzgebung[10] die Rede, sondern es handelt sich viel eher um ein Konzept der Selbstbestimmung, welches durch das Erfüllen unterschiedlicher Bedingungen von Mitmenschen von Menschen mit Demenz gesichert werden muss. Es geht folglich um eine fremdgestaltete Form der Autonomie, die zu einem Einfallstor für paternalistische Tendenzen werden kann, insbesondere wenn dieser Sachverhalt nicht reflektiert wird.

—

9 Schwerdt (Anm. 3), 61.

10 Vgl. Immanuel Kant, Grundlegung zur Metaphysik der Sitten, Stuttgart 2008, 440: Autonomie ist das oberste Prinzip der Sittlichkeit: «Autonomie des Willens ist die Beschaffenheit des Willens, dadurch derselbe ihm selbst (unabhängig von aller Beschaffenheit der Gegenstände des Wollens) ein Gesetz ist.»

An dieser Beobachtung lässt sich zweitens auch der Adressatenkreis des Konzepts der «Autonomie des Augenblicks» ablesen. Es richtet sich nämlich – und dies entspricht der Ausrichtung des Artikels von Ruth Schwerdt – an Personen im Umkreis von Menschen mit Demenz, z. B. an Angehörige, an die Ärzteschaft oder an Pflegende, denen die Aufgabe zugesprochen wird, die Bedingungen zur Sicherung dieser Autonomie von Menschen mit Demenz zu garantieren. Die Mitwirkung von Menschen mit Demenz an der Gestaltung ihrer Autonomie wird nicht oder nur indirekt in den Blick genommen, indem die betreuenden Personen dazu aufgefordert werden, sich in die Lebenswelt der Menschen mit Demenz hineinzuversetzen, oder indem sie zu wacher Aufmerksamkeit bezüglich der momentanen Befindlichkeit, des Erlebens oder der Kommunikation von Menschen mit Demenz aufgerufen werden. Es wäre in diesem Zusammenhang sicherlich anregend, den Fokus weg von den Begleit- und Betreuungspersonen hin auf den Menschen mit Demenz zu richten. Folgende Fragen ergeben sich aus dieser anderen Perspektive: Wie kann ein Mensch mit Demenz seine Autonomie möglichst lange selber gestalten? Welchen Beitrag kann er selber in welchem Stadium seiner Erkrankung zur Sicherung seiner Autonomie leisten? Ab wann ist es für ihn sinnvoll, wenn andere ihn bei der Gestaltung seiner Autonomie unterstützen?

Eine dritte Fragestellung ergibt sich aus dem Begriff der «Autonomie des Augenblicks», da er bereits in sich selbst die Konzentration auf Entscheidungen des Augenblicks trägt. Das hängt sicherlich damit zusammen, dass auf eine konkrete Situation bezogene Entscheidungen von Menschen mit Demenz besser getroffen werden können. Eine Selbstbestimmung, die weitreichendere Folgen in den Blick nimmt, wird von Ruth Schwerdt hingegen nur angetönt. Sie spricht davon, dass Experten und Expertinnen in der Pflege ein qualitativ klinisches Urteilsvermögen und ein moralisches Urteilsvermögen entwickeln müssen. Diese Kompetenzen können sie dann im Interesse des Individuums, also auch im Interesse von Menschen mit Demenz, einsetzen. Sie denkt, dass diese Kompetenz gefördert und trainiert werden kann, und stellt zwei Modelle vor, die in Bildungsprogrammen eingesetzt werden können.[11] Wie jedoch ein solcher Einsatz im Interesse des Menschen mit Demenz auszusehen hat und was dabei beachtet werden soll, bleibt offen. Dadurch zeigt sich ein weiteres Desiderat im Zusammenhang von Autonomie und Demenz: ein Modell für assistierte Selbstbestimmung, das im Interesse von Menschen in einem späteren Stadium der Demenz liegen kann.

---

11 Vgl. Schwerdt (Anm. 3), 59.

Schliesslich kann festgestellt werden, dass einige Bedingungen zur Sicherung der «Autonomie des Augenblicks» bei Menschen mit Demenz in allgemein gehaltener Form beschrieben werden. Ich denke an die Bedingungen eins bis zwei sowie neun bis zehn, wo es darum geht, einen Menschen mit Demenz als würdetragende Person zu achten, ihm nicht zu schaden und zu seinem Guten zu wirken. Bei diesen Bedingungen lassen sich Fragen auf der Ebene der Operationalisierung stellen: Was bedeutet es, einen Menschen mit Demenz als würdetragende Person zu achten? Was ist zu tun, um ihm nicht zu schaden, sondern sogar zu seinem Guten zu wirken? Was ist das Schlechte bzw. das Gute in jedem einzelnen Fall? Und wer beurteilt das? Es zeigt sich also, dass diese Bedingungen für die Sicherung der «Autonomie des Augenblicks» durch ihre allgemeinen Formulierungen unterbestimmt bleiben. Dadurch hängt es bei ihrer Umsetzung sehr stark von den Begleitpersonen von Menschen mit Demenz ab, wie sie diese Begriffe inhaltlich füllen wollen. Ist es das Gute, wenn man einen Menschen mit Demenz zum Zweck der Dekubitusprophylaxe auf die Seite lagert, obwohl er sich dagegen wehrt? Oder ist es das Gute, wenn ich ihm seinen Willen lasse, er aber dadurch einen Dekubitus entwickelt? Für diese Frage könnten möglicherweise die Bedingungen drei bis acht als Lösungsansätze herangezogen werden, wo es darum geht, den Menschen mit Demenz zu kennen und ihm mit wacher Aufmerksamkeit zu begegnen. Möglicherweise wurde er durch eine unerwartete Berührung oder ein zu schnelles Drehen erschreckt und hat sich deshalb gewehrt. Vielleicht hat er Angst, aus dem Bett zu fallen. Vielleicht war auch einfach nur der Zeitpunkt falsch. Diese Informationen können allenfalls helfen, bei einem Menschen mit Demenz das Gute zu bewirken. Trotzdem bleiben die Begriffe des Guten, des Schlechten und der Menschenwürde im Konzept der «Autonomie des Augenblicks» unterbestimmt. Zur weiteren Klärung der «Autonomie des Augenblicks» würde sich eine Bestimmung der drei Begriffe anbieten.

Die Auseinandersetzung mit der «Autonomie des Augenblicks» hat mehrere Anknüpfungspunkte zum Weiterdenken ergeben. Da es im Rahmen dieses Artikels nicht möglich ist, an allen Fragestellungen weiterzuarbeiten, soll im nächsten Kapitel eine Beschränkung auf die Konkretisierung der Bereitschaft, sich in die Lebenswelt von Menschen mit Demenz hineinzuversetzen, erfolgen. Dieser Fokus erscheint mir besonders relevant, da im ethischen Fachdiskurs gegenwärtig «der Perspektive der Betroffenen ein zentraler Stellenwert»[12] zukommt. So bildet sie für fast alle theoretischen Ansätze ein wesentlicher «Ausgangs- und Bezugspunkt»[13].

III. Elemente der narrativen Ethik als Konkretionen der Bereitschaft, sich in die Lebenswelt von einem Menschen mit Demenz hineinzuversetzen

Über die Frage, was es bedeutet, sich in die Lebenswelt eines Menschen mit Demenz hineinzuversetzen, bin ich auf den Ansatz der narrativen Ethik gestossen. Eine Auseinandersetzung mit ihren Grundlagen hat mich zur Formulierung der folgenden Frage geführt: Lässt sich die Bereitschaft, sich in die Lebenswelt von Menschen mit Demenz hineinzuversetzen, anhand von Elementen der narrativen Ethik konkretisieren?

Dieser Frage soll in diesem Kapitel nachgegangen werden. Bevor dies jedoch geschehen kann, ist eine Verortung innerhalb der narrativen Ethik erforderlich. Karen Joisten unterscheidet drei Lesarten der narrativen Ethik:

Bei der ersten Lesart dient das Adjektiv «narrativ» dazu, die Ethik zu bestimmen. Es bedeutet «den Vollzug der Reflexion auf moralische Phänomene und Normen oder auch den der Klärung der sprachlichen Bedeutung wertender Begriffe»[14]. Erzählende Texte werden somit verwendet, um «ausschmückend, illustrierend oder auch veranschaulichend das durch die Ethik zu prüfende moralische Phänomen in den Blick zu nehmen»[15].

Bei der zweiten Lesart bezieht sich das Wort narrativ auf den Untersuchungsgegenstand der Geschichten und Erzählungen. Der Auftrag der narrativen Ethik kann dann darin bestehen, moralische Phänomene und Zusammenhänge, die narrativ vermittelt werden, kritisch zu betrachten. Geschichten und Erzählungen, in denen der handelnde Mensch auf unterschiedliche

—

12 Mark Schweda / Lisa Frebel, Wie ist es, dement zu sein? Epistemologische Probleme und filmästhetische Lösungsperspektiven in der Demenzethik: Ethik Med 27, 2015, 47–57 (49).

13 A. a. O., 48.

14 Karen Joisten, Möglichkeiten und Grenzen einer narrativen Ethik. Grundlagen, Grundpositionen, Anwendungen: Karen Joisten (Hg.), Narrative Ethik. Das Gute und das Böse erzählen: Deutsche Zeitschrift für Philosophie, Sonderband 17, Berlin 2007, 9–21 (10).

15 A. a. O., 10.

Art und Weise vorkommt, werden auf den ihnen immanenten moralischen Gehalt untersucht.[16] Bei dieser Lesart macht die narrative Ethik Ernst damit, dass die Ethik «auf Modellierung, Formung und fiktive Gestaltung der Lebenswelt durch Erzählungen angewiesen»[17] ist, durch welche sie narrativ vermittelte Zugänge zu moralischen Phänomenen gewinnt, die sie dann beispielsweise in ethischen Argumentationen überprüfen kann.

Bei der dritten Lesart zeigt sich, dass die Ethik eine narrative Dimension beinhaltet, welche die primäre Zugangsweise zum handelnden Menschen darstellt, was bedeutet, dass das Handeln und (Er)Leben des Menschen sich durch die Narration deuten lässt.[18] Diese Lesart beinhaltet zwei Perspektiven: Die erste Perspektive, die am entschiedensten von Wilhelm Schapp vertreten wurde, geht davon aus, dass der Mensch von vornherein in Geschichten verstrickt ist. Menschsein heisst somit, narrativ bzw. durch und durch narrativ strukturiert zu sein.[19] Das Eigentliche des Menschen ist dann seine Geschichte.[20] Die zweite Perspektive fasst entweder «Erzählen als nachträgliche mündliche und/oder schriftliche Formung des nicht-narrativ sich vollziehenden und nicht-narrativ strukturierten Lebens»[21] oder erkennt «im Handeln oder Leben selbst bereits narrative Strukturen»[22].

Bei meinen weiteren Ausführungen werde ich mich im Bereich der zweiten und dritten Lesart bewegen. Auf diese Verortung innerhalb der narrativen Ethik soll im Folgenden Rückbezug genommen werden.

Zur Strukturierung meiner Überlegungen dienen mir als Grundgerüst die vier narrativen Formen in der Bioethik, wie sie von Hille Haker für die narrative Bioethik unterschieden werden: 1. Das Erzählen von Krankheiten; 2. Fallgeschichten; 3. Bioethik in den Medien; 4. Literarische Texte mit bioethischen Themen.[23]

Die ersten beiden narrativen Formen sollen nun im Sinne der oben genannten Fragestellung auf das Thema «Demenz» übertragen werden. Die narrativen Formen drei und vier werde ich gemeinsam behandeln, da ich

---

16 A. a. O., 11.

17 Ebd.

18 Ebd.

19 A. a. O., 11f.

20 Vgl. a. a. O., 12.

21 Ebd.

22 Ebd.

23 Vgl. Hille Haker, Narrative Bioethik – Ethik des biomedizinischen Erzählens: Joisten (Anm. 14), 251–271 (261–270).

mich im Bereich der Medien auf das Medium «Film» beschränke, das, wie sich zeigen wird, in Bezug auf unsere Fragestellung viele Verschränkungen mit literarischen Texten aufweist. Ich werde die narrativen Formen in der entsprechenden Reihenfolge behandeln und benenne sie im Hinblick auf die Thematik dieses Artikels folgendermassen um: 1. Authentische Erzählungen, 2. Begegnungsprotokolle, 3. fiktive Erzählungen.

Die drei narrativen Formen sind nicht als in sich geschlossene Komplexe, sondern als Teilstücke zu denken, die einander gegenseitig ergänzen und bereichern.

1. Authentische Erzählungen

Nach Hille Haker liegt der Fokus der meisten Analysen der narrativen Bioethik auf Erzählungen von Patienten und Patientinnen.[24] Dieser Zugang sollte auch bei Menschen mit Demenz im Zentrum stehen, solange Fähigkeiten zur verbalen Kommunikation gegeben sind. Tom Kitwood nennt im Zusammenhang der authentischen Erzählungen vier Wege, auf denen man Zugang zu der subjektiven Lebenswelt von Menschen mit Demenz erhalten kann – er nennt übrigens noch drei weitere, welche jedoch nicht auf verbaler Kommunikation beruhen:

1. Ein erster Einblick kann über Berichte gewonnen werden, die von Menschen mit Demenz während der Phase verfasst werden, in der ihre geistigen Kräfte noch relativ intakt sind.
2. Durch aufmerksames Zuhören, was Menschen bei einem Interview oder in irgendeiner Art von Gruppenarbeit erzählen, lässt sich ein Einblick in das Erleben von Demenz gewinnen.
3. Indem man aufmerksam darauf lauscht, was Menschen im Alltag sagen.
4. Man kann auch Menschen befragen, die eine Krankheit mit demenzähnlichen Merkmalen durchgemacht haben.[25]

Ich möchte an dieser Stelle exemplarisch auf den ersten Zugang von Tom Kitwood eingehen. Auf diese Art und Weise wurden nämlich mehrere Bücher

---

24 Vgl. a. a. O., 261.

25 Vgl. Tom Kitwood, Demenz. Der personenzentrierte Ansatz im Umgang mit verwirrten Menschen, Bern ²2002, 111–118. Die drei weiteren Wege sind: (1) Es ist möglich vom Verhalten des Menschen zu lernen. (2) Es kann die eigene poetische Einbildungskraft eingesetzt werden. (3) Schliesslich gibt es noch die Möglichkeit des Rollenspiels.

verfasst. Ein eindrückliches Beispiel dafür ist «Mein Tanz mit der Demenz» von Christine Bryden, einer australischen Autorin, bei der 1995 eine Demenz diagnostiziert wurde und die sich seither als Fürsprecherin für Menschen mit Demenz einsetzt:

«Für Menschen mit Demenz ist unser Verhalten normal, denn sie wissen, was in unserem Kopf passiert. Versuchen Sie, in unsere verzerrte Realität einzutauchen, denn wenn sie uns ihre Realität aufzwingen, ist zusätzlicher Stress vorprogrammiert. Tauchen Sie ein in unsere Realität und nehmen Sie durch Berührung und Blickkontakt Verbindung zu uns auf. Es ist wichtig, dass sie wirklich präsent sind und nicht in Gedanken irgendwo anders. Sie sollten wissen, dass wir nicht weit weg sind oder in anderen Regionen schweben, sondern schlicht nicht in der Lage sind zu kommunizieren, klar zu denken und ihnen einen Einblick in diese fremdartige, chaotische Welt zu vermitteln, die unser zerstörtes Gehirn hervorbringt. Bedenken Sie diese innere Realität der wir ausgesetzt sind und versuchen Sie darauf einzugehen. Sie sollten einfallsreich und kreativ sein und versuchen, die Mauer zu überwinden, die unsere Welten trennen.»[26]

Christine Bryden benutzt ihre Erzählungen über ihre persönlichen Erfahrungen mit Demenz, um die Leserin bzw. den Leser zu einem bestimmten Handeln oder zu einer bestimmten Einstellung gegenüber Menschen mit Demenz im Allgemeinen zu bewegen – wir befinden uns hier also im Bereich der zweiten Lesart nach Karen Joisten. Christine Bryden ruft diejenigen, die Menschen mit Demenz begegnen, zu einer respektvollen Haltung gegenüber deren inneren Realität auf. Sie möchte, dass sie für diese innere Realität der Menschen mit Demenz nicht nur offen sind, sondern dass sie auch auf sie eingehen. Sie sollen auf sie zugehen, mit Blicken oder Berührungen direkt mit ihnen in Kontakt treten sowie bei Begegnungen ganz anwesend und gegenwärtig sein.

Dieser Text von Christine Bryden lädt dazu ein, sich in die Situation eines Menschen mit Demenz hineinzudenken und über seinen moralischen Gehalt zu diskutieren. Er zeigt die Bedeutung von authentischen Erzählungen, um einen Einblick in die Lebenswelt von Menschen mit Demenz zu bekommen. Mit Fortschreiten der Erkrankung wird dieser Zugang zu ihrer inneren Erlebniswelt, zu ihren Empfindungen, Bedürfnissen und Anliegen jedoch zuneh-

---

26 Christine Bryden, Mein Tanz mit der Demenz. Trotzdem positiv leben, Bern 2005, 155.

mend erschwert, insbesondere da Menschen mit Demenz immer mehr die Fähigkeit zur verbalen Kommunikation verlieren.[27] Hier gewinnt dann die nonverbale Kommunikation an Bedeutung. Um mit Tom Kitwood zu sprechen, muss oft im Verhalten eines Menschen mit Demenz nach Hinweisen gesucht werden, die Rückschlüsse auf seine Lebenswelt zulassen.[28] Hier bewegen wir uns in Richtung der zweiten narrativen Form nach Hille Haker, den Fallgeschichten, die ich, wie bereits erwähnt, im Zusammenhang von Menschen mit Demenz Begegnungsprotokolle nenne.

2. *Begegnungsprotokolle*

Menschen in einem fortgeschrittenen Stadium der Demenz, die ihr inneres Erleben, ihre Bedürfnisse und Wünsche nur noch non-verbal über ihr Verhalten anzeigen können, brauchen, wie Ruth Schwerdt dargestellt hat, Menschen in ihrem Umfeld, die bereit sind, sich auf ihre Lebenswelt einzulassen und damit zur Sicherung ihrer «Autonomie des Augenblicks» beizutragen. Es stellt sich im Zusammenhang der narrativen Ethik die Frage, ob und inwieweit diese Menschen im Umkreis von Menschen mit Demenz deren Geschichten, die sie selber nicht mehr erzählen können, stellvertretend weitererzählen können und dürfen.

Zwei Aspekte können Lösungsansätze auf diese Frage bieten:

Wolfgang Kraus geht erstens davon aus, dass ein Mensch nicht der alleinige Erzähler seiner Geschichte sein kann. Vielmehr haben immer schon andere an diesem Prozess im Sinne des Miterzählens teil. Die Zuhörenden können beim Zuhören verschiedene Rollen einnehmen, wie beispielsweise Kommentatorin, Ko-Erzähler oder Ko-Repetitorin.[29] Der Sachverhalt, dass niemand seine eigene Geschichte ganz allein prägen kann, relativiert zwar den Anspruch der alleinigen Autorenschaft seiner persönlichen Erzählungen, heisst aber nicht, dass Begleitpersonen nun ungeniert die Geschichten von Menschen mit Demenz weitererzählen dürfen. Denn sie stützen sich bei ihren Erzählungen nicht auf die verbale Ebene, sondern sind auf die non-verbale Ebene zurückgeworfen. Die Frage von weiter oben muss deshalb umformuliert werden: Dürfen Menschen im Umfeld von Menschen mit Demenz aufgrund ihrer Wahrnehmungen auf non-verbaler Ebene zu Weiter-Erzählern

---

27 Vgl. Schweda / Frebel (Anm. 12), 48.

28 Vgl. Kitwood (Anm. 25), 114.

29 Vgl. Wolfgang Kraus, Das narrative Selbst und die Virulenz des Nicht-Erzählten: Joisten (Anm. 14), 25–44 (36).

bzw. Weiter-Erzählerinnen der Geschichten von Menschen mit Demenz werden? Nicht von ungefähr spricht Martina Kumlehn beim Phänomen der Demenz von einem hermeneutischen Problem.[30]

Hier bietet zweitens der Ansatz von Norbert Meuter einen Anknüpfungspunkt. Ihm dient die Überlegung als Grundlage, dass die empathische Fähigkeit, andere Personen und deren Perspektiven zu erfassen, konstitutiv für jegliches moralisches Verhalten ist.[31] Er macht eine Unterscheidung zwischen den Begriffen «Empathie» und «Sympathie»:

«Während Empathie die Fähigkeit bedeutet, die Gefühle und die Situation eines Anderen nachempfinden zu können, bezeichnet Sympathie die darüber hinaus gehende Bereitschaft, auf die empfundene Gefühls- und Situationslage des Anderen angemessen – und zwar für den Anderen angemessen! – zu reagieren.»[32]

Wenn Sie sich an den Text von Christine Bryden zurückerinnern, fordert sie dort von den Leserinnen und Lesern sowohl Empathie als auch Sympathie gegenüber von Menschen mit Demenz. Die Gefühlslage des anderen erschliesst sich mir über die Wahrnehmung seiner leiblichen Expressivität, insbesondere über seine Mimik. Im Gesicht des anderen zeigt sich, ob er traurig oder wütend ist, ob er Freude oder Schmerz empfindet. Diese ausdrucksvermittelte Empathie bildet den Anfang des moralischen Weltverhältnisses.[33] Indem ich andere Personen und ihre Perspektiven erkenne und «als Maxime für das eigene Erleben und Handeln»[34] anerkenne, erfasse ich diese Personen als Wert. Die andere Person als Wert anzuerkennen, «ist gleichbedeutend mit der Bereitschaft, dem Anderen und seinen Perspektiven – d. h. seiner Individualität – gerecht zu werden»[35].

—

30 Vgl. Martina Kumlehn, Lebensqualität imaginieren. Deutungen der Demenz in Literatur und Religion als Anregung von Perspektivenwechseln in der Begleitung und Pflege: Michael Coors / Martina Kumlehn (Hg.), Lebensqualität im Alter. Gerontologische und ethische Perspektiven auf Alter und Demenz, Stuttgart 2014, 165–181 (168).

31 Vgl. Norbert Meuter, Identität und Empathie. Über den Zusammenhang von Narrativität und Moralität: Joisten (Anm. 14), 45–59 (51).

32 A. a. O., 52.

33 Vgl. ebd.

34 A. a. O., 53.

35 Ebd.

Eine narrative Ethik nimmt nach Norbert Meuter die «grundlegende Emotionalität der Moral»[36] ernst, ohne jedoch die Bedeutung kognitiver Anteile zu leugnen. Werte, Normen, Maximen und Prinzipien «lassen sich nicht aus rein begrifflichen und logischen Argumentationen ableiten, sondern müssen als allmähliche Abstraktionen emotionaler Erfahrungen konzipiert werden»[37]. Norbert Meuter beschreibt diesen Vorgang folgendermassen:

«Es geht also nicht darum, in unseren Emotionen einfach gefangen zu bleiben. Im Gegenteil: gerade in der Distanzierung und Relativierung von Emotionen muss man ja einen grundlegenden moralischen Impuls sehen. Um sich von Emotionen jedoch zu distanzieren, muss man sie kennen, und dies nicht nur schematisch, sondern möglichst in ihren Nuancen und Facetten. Geschichten ermöglichen genau dies, indem sie unseren Emotionen eine differenzierte symbolische Form geben. Diese Formgebung ist der erste Schritt der Distanzierung: wir agieren die Emotionen nicht mehr einfach aus, sondern gestalten sie – narrativ.»[38]

Indem wir Geschichten erzählen, distanzieren wir uns von unseren Emotionen und können sie dadurch gestalten. Norbert Meuter bietet hier m. E. einen Ansatz, wie Menschen im Umfeld von Menschen mit Demenz aufgrund ihrer Wahrnehmungen auf non-verbaler Ebene zu Weiter-Erzählern und Weiter-Erzählerinnen der Geschichten von Menschen mit Demenz werden können. Im non-verbalen Verhalten eines Menschen mit Demenz lässt sich für sein Umfeld seine Gefühlslage erspüren. Diese empathischen Wahrnehmungen bilden laut Norbert Meuter den Ausgangspunkt für ein moralisches Weltverhältnis. Das bedeutet weiter, dass Begleitpersonen von Menschen mit Demenz aufgrund ihrer empathischen Wahrnehmungen über ihn Geschichten erzählen, wohl wissend, dass diese Geschichten von ihren eigenen Erfahrungen und Einstellungen mitgeprägt sind. Durch dieses Erzählen und den Austausch mit Erzählungen von anderen Begleitpersonen ereignet sich eine Distanzierung und Relativierung der eigenen Emotionen. Aus dieser Zusammenschau der Erzählungen von Begleitpersonen eines Menschen mit Demenz lassen sich Maximen für das pflegerische Handeln ableiten, die sich immer wieder durch neue Erzählungen in Frage stellen lassen müssen. Es sollen also möglichst viele Erzählungen von den Wahrnehmungen des non-verbalen

---

36 A. a. O., 57.

37 A. a. O., 58.

38 Ebd.

Verhaltens von Menschen mit Demenz erzählt werden. Dadurch kann es immer wieder von neuem zu einer vorläufigen Annäherung an die Erlebniswelt von Menschen mit Demenz kommen.

3. *Fiktive Erzählungen*

Bei den Begegnungsprotokollen kommt es zu einer Beschreibung der Wahrnehmungen, die bei der Begegnung mit Menschen mit Demenz von aussen her gemacht werden. Hier sieht Klara Obermüller einen Ansatzpunkt für die Literatur, die sich in Bereiche versetzen kann, aus denen niemand berichten kann, so z. B. aus der Innenperspektive von Menschen mit einer fortgeschrittenen Demenz.[39]

In den letzten Jahren sind zahlreiche literarische Werke und Spielfilme, die sich mit dem Thema Demenz auseinandersetzen, auf den Markt gekommen, so z. B. das Filmdrama «Still Alice» von 2014, das auf dem gleichnamigen Roman von Lisa Genova basiert,[40] oder die Sammlung von Erzählungen «Es schneit in meinem Kopf» von Klara Obermüller, wo zehn Autorinnen und Autoren dem Vergessen literarisch begegnen.[41] Nach Mark Schweda und Lisa Frebel stehen Filmen gegenüber literarischen Texten durch die Kombination von visuellen, akustischen und narrativ-dramaturgischen Elementen auf der Wirkungsebene mehr Möglichkeiten zur Verfügung.[42] Bei beiden Medien erfolgt aber der Versuch einer narrativen Annäherung an eine Lebenswelt, die von den betroffenen Menschen nicht mehr narrativ ausgedrückt werden kann. Damit bewegen wir uns im Bereich der dritten narrativen Lesart nach Karen Joisten:

«Die besondere Herausforderung hinsichtlich eines narrativen Zugangs zum Phänomen der Demenz besteht in radikalisierter Form genau darin, die innere Welt zu imaginieren, in die die Demenzpatienten hineingleiten und aus der sie selbst nicht mehr berichten können, um so Deutungsmuster anzubieten, die Unsagbares sagbar, Unsichtbares sichtbar machen, wohl wissend, dass es sich dabei um deutende Zuschreibungen handelt.»[43]

---

39 Vgl. Klara Obermüller (Hg.), Es schneit in meinem Kopf. Erzählungen über Alzheimer und Demenz, Wien 2006, 8.

40 Vgl. Lisa Genova, Still Alice. Mein Leben ohne Gestern, Köln 2009.

41 Vgl. Obermüller (Anm. 39).

42 Vgl. Schweda / Frebel (Anm. 12), 55.

43 Kumlehn (Anm. 30), 168.

Mark Schweda und Lisa Frebel weisen darauf hin, dass solche fiktionalen Zugänge zur Demenz nicht zeigen, wie es wirklich ist, dement zu sein, sondern darüber mutmassen, wie es möglicherweise sein könnte. Allerdings können sie uns im Idealfall dazu führen, «uns für das Erleben der Betroffenen zu öffnen und zugleich unsere eigenen Standpunkte, Perspektiven und Bewertungsmassstäbe kritisch zu hinterfragen»[44]. Damit kann fiktiven Erzählungen ein Beitrag zur Bereitschaft, sich in die Lebenswelt von Menschen mit Demenz hineinzuversetzen, zugesprochen werden.

Nachdem nun die drei auf die Demenzthematik bezogenen narrativen Formen umrissen wurden, ist noch einmal auf die Frage, die zu Beginn dieses Kapitels gestellt wurde, zurückzukommen: Lässt sich die Bereitschaft, sich in die Lebenswelt von Menschen mit Demenz hineinzuversetzen, anhand von Elementen der narrativen Ethik konkretisieren?

Eine Stärke der drei narrativen Formen besteht sicherlich darin, dass sie Anhaltspunkte liefern, wie man sich auf systematische Art und Weise an die Lebenswelt eines Menschen mit Demenz herantasten kann. Dabei finden sowohl verbale als auch non-verbale Ausdrucksweisen von Menschen mit Demenz Berücksichtigung. So geht es auf der Ebene der authentischen Erzählungen darum, Menschen mit Demenz aufmerksam zuzuhören. Auf der Ebene der Begegnungsprotokolle erfolgt ein Austausch unter Menschen im Umkreis von Menschen mit Demenz über Beobachtungen bezüglich deren Verhalten, deren Mimik und Gestik. Dass sich aus diesen Erzählungen ein Dialog unter den Begleit- und Betreuungspersonen ergibt, erachte ich als Vorteil dieser narrativen Form. Jedoch darf nicht vergessen werden, dass in Phasen der Demenz, in denen sich Betroffene nicht mehr mitteilen können, über das tatsächliche Erleben von Menschen mit Demenz nur gemutmasst werden kann. Dies wurde beispielsweise bereits besonders im Zusammenhang der narrativen Form der fiktiven Erzählungen deutlich. Hier ist eine Grenze, die bei der Anwendung der drei narrativen Formen nicht aus dem Blick geraten darf. Die drei narrativen Formen ermöglichen allerdings eine Reflexion der Wahrnehmungen, die aus der Begegnung mit Menschen mit Demenz gewonnen werden. Es werden weiter Intuitionen, die mit solchen Begegnungen einhergehen, ernst genommen, da sie ausgedrückt und damit bewusst gemacht werden. Dadurch können auf die gegenwärtige Situation eines Menschen mit Demenz zugeschnittene Handlungsentscheidungen gefällt werden, die aber immer wieder von neuem zur Disposition stehen müssen.

—

44 Schweda / Frebel (Anm. 12), 56.

IV. Fazit

Ruth Schwerdt beschreibt mit der «Autonomie des Augenblicks» eine Form der Selbstbestimmung, die für Menschen mit Demenz anschlussfähig ist und die zahlreiche Anknüpfungspunkte zum Weiterdenken an dieser Thematik bietet. Der Anknüpfungspunkt, an dem im Rahmen dieses Artikels mit Hilfe von Elementen der narrativen Ethik weitergedacht wurde, ist die Bereitschaft, sich in die Lebenswelt von Menschen mit Demenz hineinzuversetzen. Mit den drei narrativen Formen – 1. authentische Erzählungen, 2. Begegnungsprotokolle und 3. fiktive Erzählungen – lässt sich die Bereitschaft, sich in diese Lebenswelt hineinzudenken, konkretisieren, indem aufmerksam darauf gehört wird, was Menschen mit Demenz erzählen, indem ihre Betreuungs- und Begleitpersonen über ihre Wahrnehmungen bei den konkreten Begegnungen im Austausch bleiben sowie indem sie sich von fiktiven Erzählungen berühren lassen und sich damit für das Erleben der von Demenz betroffenen Menschen öffnen. Das hermeneutische Problem, auf das wir nach Martina Kumlehn bei Begegnungen mit Menschen mit Demenz stossen,[45] das uns aber nicht daran hindern soll, uns immer wieder auf ihre Lebenswelt einzulassen, begleitet alle, die mit Menschen mit Demenz zu tun haben. In diesem Sinne soll hier Thomas DeBaggio, der an Alzheimer erkrankte Schriftsteller, mit einem Satz aus seinem Werk «Losing my mind» das letzte Wort erhalten:

> «It is hard for people, even those closest to me, to understand what I am going through. They all try to understand, but losing your mind happens once a lifetime and their imaginations are lacking.»[46]

---

45 Vgl. Kumlehn (Anm. 30), 68.

46 Thomas DeBaggio, Losing my mind. An intimate look at life with Alzheimer's, New York 2002, 98.

Daniela Ritzenthaler / Ruth Baumann-Hölzle

Patientenverfügung und Demenz
Konkretionen

I. Einleitung

Der folgende Artikel zeigt in drei Teilen die rechtlichen und ethischen Aspekte von Patientenverfügungen bei Menschen mit einer dementiellen Erkrankung auf. In einem ersten Teil beschreiben die Autorinnen die Relevanz von medizin-ethischen Entscheidungen bei Demenzerkrankungen und insbesondere der Patientenverfügungen bei Demenz. Im zweiten Schritt erläutert der Artikel kurz die rechtliche Situation in der Schweiz rund um Patientenverfügungen. Im letzten Teil geht er auf die ethischen Spannungsfelder der Patientenverfügung bei Demenz ein.

II. Die Relevanz von medizin-ethischen Entscheidungen bei Demenzerkrankungen

1. *Prävalenz von Demenz und medizin-ethische Entscheidungen*

Dank dem medizinischen Fortschritt haben Männer und Frauen 2015 in Mitteleuropa eine Lebenserwartung von 81 Jahren erreicht.[1] Bereits heute leben in der Schweiz schätzungsweise 110 000 Menschen mit einer Demenzerkrankung.[2] Mit zunehmendem Alter steigt die Demenzprävalenz in der Bevölkerung an. Publikationen der Nationalen Demenzstrategie des Bundesamts für

---

1 Statista, Durchschnittliche Lebenserwartung in Europa bei der Geburt im Jahr 2015 nach Geschlecht und Region (in Jahren), online abrufbar unter: http://de.statista.com/statistik/daten/studie/199596/umfrage/lebenserwartung-in--europa-nach-geschlecht-und-region/ (27.03.2016).

2 Bundesamt für Gesundheit BAG, Nationale Demenzstrategie 2014–2017, online abrufbar unter: http://www.bag.admin.ch/themen/gesundheitspolitik/13916/ (27.03.2016).

Gesundheit 2014–2017 gehen davon aus, dass im Jahr 2060 mehr als 300.000 Personen in der Schweiz von Demenz betroffen sein werden.

Mit einer fortschreitenden Demenzerkrankung gehen Symptome und gesundheitliche Probleme einher. Bei der medizinischen Behandlung und Betreuung treten vielfältige medizin-ethische Fragen auf, seien es Fragen bezüglich freiheitsbeschränkender Massnahmen oder der Ernährung oder Fragen, ob eine medizinisch mögliche Therapie noch in jedem Fall durchgeführt werden soll, oder ob auf eine medizinische Therapie verzichtet werden darf. Alle diese Entscheidungen orientieren sich ethisch und rechtlich am mutmasslichen Willen des Patienten oder der Patientin. Kann sich die Person nicht mehr äussern und ist ihr Wille nicht aus vorgängigen schriftlichen oder mündlichen Äusserungen bekannt, wird eine Entscheidung im sogenannten *besten Interesse* des Patienten getroffen. Dies bedeutet meist in der Praxis, dass die Möglichkeiten zur Lebensverlängerung gegen die von aussen eingeschätzte aktuelle Lebensqualität und die Prognose des Behandlungserfolges abgewogen werden. Das nächste Kapitel erläutert häufig bei Demenzerkrankungen auftretende medizin-ethische Entscheidungen.

2. *Medizinische Begleitprobleme bei Demenz*

Bei Demenzerkrankungen treten oft Schluckprobleme auf. Aufgrund von Nahrungsresten, welche in die Lunge aspiriert werden, kommt es bei fortgeschrittener Demenz häufig zu Pneumonien. Diese können meist mit Antibiotika behandelt werden. Je nach Schweregrad der Pneumonie ist eine intravenöse Antibiotika-Therapie und gar eine Diurese im Spital notwendig, um Lungenödeme zu behandeln. Die meisten Langzeitpflegeorganisationen sind jedoch nicht für intravenöse Therapien ausgerüstet. Bei Pflegeheimbewohnerinnen und -bewohnern muss daher entschieden werden, ob bei wiederholter Pneumonie eine Verlegung ins Akutspital sinnvoll ist, um eine intravenöse Antibiose zu ermöglichen.

Öfters stellt sich auch die Frage der künstlichen Ernährung, wenn die Person sich nicht mehr auf natürlichem Wege ernähren kann. Heute geht die Palliativmedizin davon aus, dass bei einer weit fortgeschrittenen Demenz eine künstliche Ernährung medizinisch nicht mehr indiziert ist. Forschungen mit einer grossen Anzahl von demenzkranken Personen zeigen, dass im Endstadium der Demenz die Betroffenen durch künstliche Ernährung nicht länger leben und auch die Lebensqualität nicht besser wird.[3]

Kommt zur Demenz eine schwere Herzinsuffizienz hinzu, stellt sich die Frage, ob ein Herzschrittmacher eingesetzt werden soll.

III. Die rechtliche Situation in der Schweiz rund um Patientenverfügungen

1. *Vorgehen bei medizin-ethischen Entscheidungen*

Grundsätzlich gilt bei medizinischen Therapieentscheidungen, dass der behandelnde Arzt der Patientin Therapieoptionen vorschlägt, die aus medizinischer Sicht sinnvoll sind (man spricht dabei von indizierten Therapien). Weiter klärt er sie über die Vorteile und Risiken der jeweiligen Behandlungsmöglichkeiten auf. Die urteilsfähige Patientin gibt anschliessend ihre informierte Zustimmung in die Therapie. Leider sind die Demenzpatienten im fortgeschrittenen Stadium der Erkrankung nicht mehr urteilsfähig im Hinblick auf medizinische Entscheidungen.

Hat ein nichturteilsfähiger Patient keine Patientenverfügung und stehen medizinische Therapieentscheidungen an, willigen nach Schweizer Recht nahe Angehörige in die Therapie ein, welche der Arzt vorschlägt.[4] Sie können die Therapie auch ablehnen (informed consent oder dissent). Die Angehörigen haben das Entscheidungsrecht in der folgenden Reihenfolge: Die Ehepartner, die/der Konkubinatspartner(in), die eigenen Kinder, Eltern und Geschwister. Dabei ist eine gelebte Beziehung im Sinne von regelmässigem Beistand notwendig, damit jemand in die Entscheidung Einfluss nehmen darf.

Ist jemand noch nicht von einer Demenz betroffen oder befindet er sich im Anfangsstadium der Demenz und ist urteilsfähig, kann er für zukünftige Situationen eine Patientenverfügung erstellen, die im Voraus festlegt, wie man bei Urteilsunfähigkeit behandelt werden möchte.

---

3 Joan M. Teno u. a., Does feeding tube insertion and its timing improve survival?: Journal of the American Geriatrics Society 10, 2012, 1918–1921.

4 Art. 378, Schweizerisches Zivilgesetzbuch (ZGB) vom 10. Dezember 1907 (Stand am 1. April 2016), online abrufbar unter: https://www.admin.ch/opc/de/classified-compilation/19070042/index.html (02.06.2016).

2. *Die Patientenverfügung*

Eine Patientenverfügung ist eine schriftliche Willensäusserung im Hinblick auf zukünftige Entscheidungen über medizinische Massnahmen.[5] Jeder urteilsfähige Mensch kann eine Patientenverfügung für sich erstellen.

Es gibt verschiedene Arten von Patientenverfügungen: Juristisch gesehen kann jede urteilsfähige Person in der Schweiz ihre Wünsche für sich schriftlich festhalten. Einzige Formvorschriften sind die Schriftlichkeit sowie Datum und Unterschrift. Dieses Vorgehen der handschriftlichen Patientenverfügung hat aber Nachteile: Patientenverfügungen müssen präzise formuliert sein, damit dem Behandlungsteam im Bedarfsfall klare Handlungsanweisungen gegeben werden. Eine weitere Option liegt darin, ein bereits bestehendes Patientenverfügungsformular auszufüllen, zu datieren und unterschreiben. In der Schweiz gibt es sehr unterschiedliche Formulare, welche von Patientenorganisationen und weiteren Non-Profit-Organisationen im Gesundheitswesen herausgegeben wurden.[6] Diese Formulare sind interprofessionell durch Ärztinnen, Pflegefachpersonen und Juristen erstellt worden. Dadurch sind ihre Anweisungen an die Behandlungsteams in Spitälern meist klarer und präziser als die handschriftlich selbst verfassten Patientenverfügungen. Die vorformulierten Patientenverfügungsformulare sind jedoch sehr unterschiedlich verfasst und gestaltet. Sie können sehr detailliert und ausführlich oder knapp und kurz sein. Ausführlichere Patientenverfügungen geben den Ärzten Handlungsanweisungen und lassen weniger Entscheidungsspielraum offen. Im Gegenzug dazu muss sich die interessierte Person vertieft Gedanken über ihre allfällige zukünftige Behandlung machen, was oft als schwierig und belastend empfunden wird. Ist die Patientenverfügung kurz gehalten, besteht später in der Akutsituation oft ein beträchtlicher Interpretationsspielraum, wie entschieden werden soll. Die Patientenverfügung basiert auf dem rechtlichen Konzept der Selbstbestimmung als Abwehrrecht.

—

5 Judith Naef / Ruth Baumann-Hölzle / Daniela Ritzenthaler-Spielmann, Patientenverfügungen in der Schweiz, Zürich 2012, 35.

6 Beispiele von Patientenverfügungsformularen: FMH / SAMW, online abrufbar unter: http://www.fmh.ch/services/patientenverfuegung.html (14.06.2016); Dialog Ethik, online abrufbar unter: http://www.dialog-ethik.ch/patientenverfuegung/ (14.06.2016); Krebsliga Schweiz, online abrufbar unter: https://shop.krebsliga.ch/files/kls/webshop/PDFs/deutsch/patientenverfuegung-der-krebsliga-011018023112.pdf (14.06.2016).

3. *Selbstbestimmung als Abwehrrecht*

Selbstbestimmung bedingt Entscheidungskompetenzen. Selbstbestimmte Entscheidungen sind an die aktuelle Urteilsfähigkeit gekoppelt. Für Situationen zukünftiger Urteilsunfähigkeit kann der Patient eine Patientenverfügung erstellen. Die Selbstbestimmung wird gesetzlich im Kindes- und Erwachsenenschutzrecht und im Gesundheitswesen als Abwehrrecht operationalisiert: Der Patient kann alle Therapien, die der Arzt im vorschlägt, ablehnen.[7] Dahinter steckt die Gesetzgebung, dass jeder medizinische Eingriff eine Verletzung der körperlichen Integrität darstellt. Der Arzt darf die diagnostische, therapeutische oder operative Massnahme nur durchführen, wenn der Patient die Einwilligung dazu gibt. Aufgrund seines Würde- und Autonomieanspruchs, welcher allen Menschen unabhängig von Eigenschaften und Fähigkeiten verfassungsmässig garantiert wird, darf ein Mensch nicht instrumentalisiert werden.

Dies bedeutet, dass ein Patient das Recht hat, auf alle Massnahmen zu verzichten. Gleichzeitig darf er nicht alle medizinisch möglichen Massnahmen einfordern. Hier kann der Arzt festlegen, was in der gegebenen Situation medizinisch indiziert ist.

Theologisch kann dieses Abwehrrecht mit der Gottebenbildlichkeit des Menschen begründet werden: Als Gottes Ebenbild besitzt der Mensch eine fremde, von Gott verliehene Würde,[8] die ihn am Geheimnis Gottes teilhaben lässt.[9] Deshalb dürfen Menschen nicht instrumentalisiert, sondern müssen stets gefragt werden, wenn etwas mit ihnen geschehen soll. Aufgrund ihrer Würde sind Menschen Personen[10] und haben den Anspruch, als Subjekte respektiert und nicht als Objekte missbraucht zu werden. Weil Gott als Schöpfer den Menschen ihr Leben schenkt, hat der Mensch die Verantwortung, Leben zu pflegen und zu schützen.[11]

In einer philosophischen Ethik kann das Abwehrrecht begründet werden mit dem Recht auf Schutz der körperlichen Integrität, das uns allen durch die

---

7 Schweizerische Eidgenossenschaft, Botschaft zur Änderung des Schweizerischen Zivilgesetzbuches (Erwachsenenschutz, Personenrecht und Kindesrecht), 2006, 7011, online abrufbar unter: https://www.admin.ch/opc/de/federal-gazette/2006/7001.pdf (07.06.2016).

8 Vgl. Werner Ebeling, Dogmatik des christlichen Glaubens, Bd. 1, Tübingen 1979, 383.

9 Vgl. Karl Rahner, Grundkurs des Glaubens, Freiburg i. Br. [9]1976, 54ff.

10 Vgl. Helmut Thielicke, Mensch sein – Mensch werden, München 1976, 102.

11 Vgl. Ruth Baumann-Hölzle, Human-Gentechnologie und moderne Gesellschaft, Gesellschaft und Ethik 12, Zürich 1990, 419.

global geltenden Menschenrechte zukommt, wie es auch in Artikel 10 der Bundesverfassung der Schweiz festgehalten ist.[12]

Sobald aber ein Mensch Objekt und nicht mehr Subjekt lebenserhaltender Massnahmen wird oder würde, besteht die Pflicht, diese Massnahmen zu unterlassen oder abzustellen. Diese Grenze ist ausserhalb der terminalen Sterbephase keine objektive, sondern um sie muss stets mit sorgfältigen ethischen Güterabwägungen gerungen werden.[13] Solange der Mensch urteilsfähig ist, entscheidet er oder sie selber über diese Grenze. Ist jemand urteilsunfähig, kann die Patientenverfügung ein wichtiges Hilfsmittel dabei sein.

4. *Die Urteilsfähigkeit*

Urteilsfähigkeit bedeutet im juristischen Sinne die Fähigkeit, vernunftgemäss zu handeln.[14] Dabei muss die Entscheidung für andere Menschen aber nicht als vernünftig erscheinen. Für medizin-ethische Entscheidungen, welche die Patientenverfügung festhält, kann man die Urteilsfähigkeit als Einwilligungsfähigkeit in bestimmte Therapieoptionen operationalisieren.

Die Schweizerische Akademie der Medizinischen Wissenschaften (SAMW) konkretisiert diese Urteilsfähigkeit mit vier Teilaspekten, die zur Einwilligung notwendig sind: Hat der Arzt Zweifel an der Urteilsfähigkeit eines Patienten oder einer Patientin, helfen nach den medizin-ethischen Richtlinien SAMW folgende Kriterien, die Urteilsfähigkeit festzustellen:

- «Die Fähigkeit, Informationen in Bezug auf die zu fällende Entscheidung zu verstehen;
- Die Fähigkeit, die Situation und die Konsequenzen, dies sich aus alternativen Möglichkeiten ergeben, richtig abzuwägen;
- Die Fähigkeit, die erhaltene Information im Kontext eines kohärenten Wertsystems rational zu gewichten;
- Die Fähigkeit, die eigene Wahl zu äussern.»[15]

---

12 Schweizerische Eidgenossenschaft, Bundesverfassung der schweizerischen Eidgenossenschaft, online abrufbar unter: https://www.admin.ch/opc/de/classified-compilation/19995395/index.html (14.06.2016).

13 Vgl. Ruth Baumann-Hölzle, Autonomie und Freiheit in der Medizin-Ethik, Freiburg i. Br. u. a. 1999, 312.

14 Schweizerisches Zivilgesetzbuch (ZGB) (Anm. 4), Art. 16.

15 SAMW, Aktuell gültige Richtlinien, online abrufbar unter: http://www.samw.ch/de/Ethik/Richtlinien/Aktuell-gueltige-Richtlinien.html (23.12.2015).

Bei Menschen mit einer dementiellen Erkrankung kann eine Unsicherheit entstehen, ob die Patientin / der Patient zum Zeitpunkt des Erstellens der Patientenverfügung urteilsfähig war. Deshalb empfiehlt die SAMW Menschen mit einer beginnenden Demenz, sich ihre Urteilsfähigkeit in der Patientenverfügung durch den behandelnden Arzt oder Gerontologen bestätigen zu lassen. Dies gibt Sicherheit im Hinblick auf die später eventuell notwendige Anwendungssituation der Patientenverfügung.

5. *Verbindlichkeit von Patientenverfügungen*

Mit dem Erwachsenenschutzrecht wurde die Verbindlichkeit von Patientenverfügungen erstmals im gesamtschweizerischen Recht festgehalten. Seit Inkrafttreten des Erwachsenenschutzrechts im Januar 2013 ist eine Patientenverfügung für die Ärzte rechtsverbindlich, ausser es liegen konkrete Gründe vor, die für eine Nichtumsetzung sprechen. Dies ist dann der Fall, wenn Patientenverfügungen Handlungen fordern, die gegen das Schweizer Recht verstossen (z. B. aktive Sterbehilfe einfordern). Wenn jemand unter Druck gesetzt wurde, eine Patientenverfügung zu erstellen, ist diese ebenfalls nicht verbindlich. Auch im neuen Erwachsenenschutzrecht festgehalten ist, dass die Ärzte die Patientenverfügung nicht umsetzen sollen, wenn Zweifel bestehen, dass sie noch dem mutmasslichen Willen des Patienten entspricht. In diesem Fall müsste ein ethisches Entscheidungsfindungsgespräch stattfinden, welches den aktuellen mutmasslichen Willen zu eruieren versucht, bzw. feststellen müsste, ob der Patient tatsächlich einen anderen mutmasslichen Willen hat als in der Patientenverfügung festgehalten. Laut Erwachsenenschutzrecht muss es aber klare Hinweise für eine Willensänderung geben, damit die Patientenverfügung nicht berücksichtigt werden soll.

IV. Ethische Grundlagen

Die Umsetzung der Patientenverfügungen bei Menschen mit einer Demenz kann zu komplexen philosophischen und auch praktischen Fragen führen. Schwierigkeiten bestehen, wenn die Patientin sich in der Endphase einer Demenz befindet, bettlägerig ist und sich kaum mehr verbal und nonverbal äussern kann. Ist ein Mensch nur noch sehr beschränkt fähig, in Beziehung zu treten, haben Pflegende und Ärzte meist wenig Bedenken, den Wunsch eines Patienten, auf lebenserhaltende Massnahmen zu verzichten, umzusetzen.

Die Situation ist anders, wenn eine Person zwar aufgrund ihrer Demenz urteilsunfähig und auch in ihren kognitiven Fähigkeiten stark eingeschränkt, aber motorisch noch relativ mobil ist. In solchen Situationen kann es zudem sein, dass sich die Person durch ihre Krankheit verändert hat. Sie hatte vielleicht vor der Erkrankung schrecklich Angst davor, dement zu werden. Jetzt, in der Erkrankung, lebt sie damit. Sie wirkt von aussen einmal ruhig, einmal ängstlich, manchmal auch fröhlich. Doch wie ist die Innenperspektive der betroffenen Person selbst? Würde sie sagen, dass sie sich verändert hat? Würde sie sich heute noch immer gegen sämtliche lebenserhaltende Massnahmen aussprechen, wie sie dies in der Patientenverfügung vor Beginn der Erkrankung festgelegt hatte? Diese Fragen sind sehr schwer zu beantworten.

Wenn das Behandlungsteam bei diesen Fragen Zweifel hat, stecken sie in einem ethischen Dilemma. In der Praxis entstehen in solchen Situationen nicht selten Konflikte darüber, was wohl der aktuelle Wille der dementen Person sei: Würde sie noch gleich entscheiden, wie in der Patientenverfügung bemerkt? Oder hat sie sich eben in der Krankheit verändert? Ist eine bestimmte non-verbale Regung, aus der sich schliessen lässt, dass jemand sich im Moment eher wohl fühlt, ein Grund, die Anordnung in der Patientenverfügung nicht umzusetzen, weil die Person ihren Willen geändert hat? Der Streitpunkt ist letztlich, ob non-verbale Ausdrücke eine Willensänderung bedeuten oder nicht.

In der Philosophie wird dieses Problem unter dem Stichwort der *Kontinuität der Person* diskutiert.[16] Damit gemeint ist die Frage, ob ein Mensch mit einer Demenz, der in einer Patientenverfügung Entscheidungen für die Zukunft trifft, derselbe Mensch ist wie die demente Person, die sich verändert hat. Anders gesagt: Kann eine Persönlichkeitsveränderung durch eine dementielle Erkrankung die Identität der Person so verändern, dass ihren Wünschen in der Patientenverfügung – da sie ja nicht mehr die gleiche ist – nicht mehr Rechnung getragen werden muss?

Diese Frage wird kontrovers diskutiert. In der Schweiz ist die Rechtslage seit 2013 so, dass die Patientenverfügung befolgt werden muss – wenn sie genügend konkrete Handlungsanweisungen für die jeweilige Situation gibt und es keine konkreten Hinweise auf eine Willensänderung gibt.

Die nationale Ethikkommission im Bereich Humanmedizin betont in ihrer Stellungnahme, dass in der Patientenverfügung in erster Linie das Abwehrrecht gegenüber medizinischen Massnahmen wahrgenommen wird, die als Verletzung der körperlichen Integrität gesehen werden. Sie nennt jedoch auch

—

16 Vgl. Richard Schenk, Kontinuität der Person: Zum Versprechen und Vertrauen (Collegium Philosophicum), Stuttgart 1998.

einige Punkte, die es zu beachten gibt, um die vulnerable Personengruppe der Demenzkranken zu schützen.[17]

Die «Kontinuität der Person» wird von der Nationalen Ethikkommission als normative Grundvoraussetzung für die Gültigkeit einer Patientenverfügung angesehen: «Die Gültigkeit einer Patientenverfügung bei Menschen mit Demenz kann daher nicht mit dem Verweis in Zweifel gezogen werden, die Person, welche die Verfügung verfasst habe, sei nicht dieselbe Person, die von den Anordnungen der Verfügung betroffen ist.»[18] Und: *«Mündliche Aussagen sollen eine Patientenverfügung nur unter bestimmten Voraussetzungen korrigieren dürfen.»* Die Kommission kritisiert damit die im neuen Erwachsenenschutzrecht vorgeschlagenen Widerrufs- und Korrekturmöglichkeiten einer Patientenverfügung. Zudem scheint ihr hier ein falscher Anreiz gesetzt zu werden, den mutmasslichen Willen als Korrektiv zur Patientenverfügung vorschnell anzuwenden. «Bei der Ermittlung des mutmasslichen Willens geht die Kommission davon aus, dass

- nur Personen ermitteln, die der Patientin / dem Patienten wohlwollend gegenüberstehen,
- eigene Interessen zugunsten des Patientenwohls oder -willens zurückgestellt werden und der eigene Werthorizont, die eigenen Einstellungen etc. bei der Ermittlung mit reflektiert werden, um Entscheidungen im Sinne der Patientin / des Patienten zu treffen,
- den ermittelnden Personen bewusst ist, dass der mutmassliche Wille vom objektiven, d. h. allein medizinisch definierten Patientenwohl abweichen kann.»[19]

Die Schweizerische Lösung im Erwachsenenschutzrecht und in der Stellungnahme der Nationalen Ethikkommission gibt also der Patientenverfügung eine starke juristische Verbindlichkeit.

Hingegen lehnt die Nationale Ethikkommission in ihren Empfehlungen ab, dass Menschen in einer Patientenverfügung bestimmen können, dass ihnen später bei Urteilsunfähigkeit kein Essen mehr angeboten wird oder ihnen

---

17 Nationale Ethikkommission im Bereich Humanmedizin NEK, Patientenverfügung. Ethische Erwägungen zum neuen Erwachsenenschutzrecht unter besonderer Berücksichtigung der Demenz, Bern 2011, 6.

18 Ebd.

19 A. a. O., 8.

Essen nicht mehr eingegeben werden soll, wenn die demente Person in diesem Moment noch essen wollte. Dies sei dem Behandlungsteam nicht zumutbar und mit einer humanen Gesellschaft nicht vereinbar.

V. Fazit

Das Schweizer Recht gibt einen Rahmen vor, wie Patientenverfügungen rechtlich gehandhabt werden sollen. Gleichzeitig stellen sich – wie im Kapitel IV skizziert – verschiedene ethische Spannungsfelder und Dilemmata, die auch das Recht nicht lösen kann. Ethische Dilemmata lassen sich nie «lösen», man kann nur besser oder schlechter damit umgehen. In der klinischen Praxis ist es in Entscheidungssituationen bei urteilsunfähigen Demenzkranken, die eine Patientenverfügung erstellt haben, öfter notwendig, in einem diskursiven ethischen Entscheidungsfindungsprozess eine situativ verantwortungsvolle Entscheidung gemäss dem mutmasslichen Willen der Person zu treffen. Solche Entscheidungsfindungsgespräche benötigen Gesprächs- und Moderationskompetenz, die Bereitschaft, sich auf ein ethisches Argumentieren einzulassen sowie ethische Entscheidungsfindungsinstrumente[20] und ethisches Fachwissen.

Eine Studie im Rahmen des Nationalen Forschungsprogramms 67 «Lebensende» befragte Gesundheitsfachpersonen zu Entscheidungen am Lebensende. Eine Pflegefachperson sagte dabei zur Frage, wie Entscheidungen am Lebensende gestaltet waren: «Wenn Sie mich pauschal fragen würden, wie kommen Entscheidungen am Lebensende zu Stande, dann würde ich Ihnen pauschal antworten: Der Zufall ist das Kriterium, der Zufall. Der Zufall, wer hat Dienst, aus welchen Fachgebiet, welche Haltung, welche Erfahrung, welche Entscheidungskompetenz, also das ist dann wieder Hierarchie, ähm welche Tageszeit, welcher Wochentag.»[21] Ethische Gespräche und ein regelmässiger Austausch im Behandlungsteam sollte dazu führen, dass solche existentiellen Entscheidungen am Lebensende bei Menschen mit Demenz nicht dem Zufall überlassen bleiben, sondern wenn möglich nach dem

—

20 Ein Beispiel für ein oft angewandtes ethisches Entscheidungsfindungsinstrument ist der sogenannte «7 Schritte Dialog» von Ruth Baumann-Hölzle, «7 Schritte Dialog» – Exemplarische Vertiefung der Methodik einer Fallbesprechung: dies. / Christof Arn (Hg.), Ethiktransfer in Organisationen, Handbuch Ethik im Gesundheitswesen 3, Basel 2009, 215–240.

21 Iris Graf u. a., Entscheidungen am Lebensende in der Schweiz, Bern 2014, 47.

mutmasslichen Willen der Person oder zumindest reflektiert im besten Interesse des Patienten getroffen werden.

Ethisches Fachwissen und ethische Entscheidungsinstrumente können Institutionen des Gesundheitswesens, seien es Spitäler, Langzeitpflegeinstitutionen, aber auch Spitex-Organisationen, bei schwierigen medizin-ethischen Entscheidungen insbesondere am Lebensende unterstützen. Dafür braucht es die hierfür notwendigen personellen, fachlichen und zeitlichen Ressourcen. Ist eine Person nach der Diagnose Demenz in der frühen Phase der Erkrankung noch urteilsfähig, ist es sinnvoll, sich über eine Patientenverfügung Gedanken zu machen und allenfalls medizin-ethische Entscheidungen, die bei Demenz häufig auftreten, schriftlich antizipierend zu entscheiden und schriftlich festzuhalten. Dabei ist nach dem heutigen Forschungsstand das sogenannte *Advance Care Planning* derjenige Weg, der am ehesten zur Umsetzung des Patientenwillens führt.[22] Dies bedeutet, dass die Patientenverfügung in einem gemeinsamen Prozess von der behandelnden Ärztin mit der Patientin und auf deren Wunsch auch mit ihren Angehörigen im Gespräch entsteht. Für Demenzbetroffene im Frühstadium heisst dies, darüber zu reden, was sie sich wünschen, damit heikle Entscheidungssituationen in einer späteren Krankheitsphase möglichst vermieden werden können. Dies ist ein bedeutendes Ziel der Patientenverfügung. Dass dabei die Angehörigen und das medizinische Personal auch entlastet werden, ist eine willkommene Begleiterscheinung von Patientenverfügungen.

---

22 Jürgen in der Schmitten u. a., Vorausplanung für nicht-einwilligungsfähige Personen – «Vertreterverfügungen»: Michael Coors / Ralf Jox / Jürgen in der Schmitten (Hg.), Advance Care Planning. Von der Patientenverfügung zur gesundheitlichen Vorausplanung, Stuttgart 2015, 119–140.

II. Alternative Modelle

Katrin Müller

Menschenwürde, Person-Sein und Demenz

Alttestamentliche Impulse zu einem schwierigen Thema

I. Motivation

Demenz als Krankheitsbild wird im Alten Testament nicht thematisiert. Dies lässt sich leicht erklären. Zum einen war die Lebenserwartung deutlich niedriger als heute[1] – mit 60 war man schon ein alter Mensch (vgl. Lev 27,6)[2] – und es besteht, auch wenn Alter nicht der einzige Krankheitsauslöser ist, eine deutliche Korrelation zwischen Alter und Erkrankungshäufigkeit: «Während bei den 65- bis 69-Jährigen zunächst nur etwa 1,5 Prozent an Demenz erkrankt sind, verdoppelt sich die Erkrankungsrate circa alle fünf Jahre, so dass im Alter von 90 Jahren circa ein Drittel der Menschen betroffen ist.»[3]

Es gab daher vermutlich deutlich weniger demenzkranke Menschen als heute. Zum anderen traten auch altersbedingte körperliche Gebrechen schon

---

1 Vgl. Adrian Schenker, «Auch wenn ich alt und grau werde, verlässt du mich nicht». Altern in der Heiligen Schrift: Diak. 18, 1987, 160–164 (160–161); Andreas Wagner, Alt und lebenssatt – Alttestamentliche Vorstellungen über das Glück im Leben: André Holenstein u. a. (Hg.), Glück. Referate einer Vorlesungsreihe des Collegium generale der Universität Bern im Frühjahrssemester 2010, Berner Universitätsschriften 56, Bern 2011, 255–272 (259–261) und Bernhard Lang, Art. Alter (AT): Das wissenschaftliche Bibellexikon im Internet, online abrufbar unter: www.wibilex.de, 2006 (03.02.2016), 5 sowie Willy Schottroff, Alter als soziales Problem in der hebräischen Bibel: Frank Crüsemann / Christof Hardmeier / Rainer Kessler (Hg.), Was ist der Mensch …? Beiträge zur Anthropologie des Alten Testaments, FS Hans Walter Wolff, München 1992, 62–68.

2 Vgl. Wagner (Anm. 1), 261 und Silvia Schroer / Thomas Staubli, Menschenbilder der Bibel, Ostfildern 2014, 531–535.

3 Lars Charbonnier / Lena-Katharina Roy, Religion – Alter – Demenz. Zum Forschungsstand einer wachsenden Herausforderung für Theologie und Kirche: IjPT 16.2, 2012, 349–408 (352).

recht früh auf, z. B. aufgrund von anderer Versorgungslage oder sehr schwerer körperlicher Arbeit. Zudem ist das medizinische Wissen auch nicht annähernd mit dem heutigen vergleichbar.[4] Eine Demenzerkrankung wurde daher sicher nicht als eigene Krankheit erkannt, sondern als Altersschwäche gedeutet.

Über die negativen Begleiterscheinungen des Alters sprechen aber einige Texte im Alten Testament (z. B. Gen 27,1; 2Sam 19,36 und Pred 12,1–7). Es gab natürlich trotz niedriger durchschnittlicher Lebenserwartung immer auch Menschen, die alt wurden. Der folgende Text spricht z. B. über das Schwinden bestimmter geistiger Fähigkeiten im Alter:[5]

> «Aber Barsillai war sehr alt, ein Mann von achtzig Jahren. Und er hatte für den König gesorgt, als er sich in Machanajim aufhielt, denn er war ein sehr reicher Mann. Und der König sprach zu Barsillai: Zieh du mit mir hinüber! Und bei mir in Jerusalem werde ich für dich sorgen. Barsillai aber sagte zum König: Wie viele Jahre werde ich noch leben, dass ich mit dem König hinaufziehen sollte nach Jerusalem? Ich bin heute achtzig Jahre alt. Kann ich da noch unterscheiden zwischen Gut und Böse? Und schmeckt dein Diener noch, was er isst und was er trinkt? Und lausche ich noch der Stimme der Sänger und der Sängerinnen? Warum also soll dein Diener meinem Herrn, dem König, noch eine Last sein?» (2Sam 19,33–36; Übersetzung: Zürcher Bibel 2007)

Der achtzigjährige Barsillai schildert hier einige für ein hohes Alter typische Beschwerden, wie ein nachlassender Geschmacksinn, schlechtes Gehör und auch eine eingeschränkte Erkenntnisfähigkeit.[6] Aber, wenn überhaupt, liegt hier eine leichte Alterssenilität vor. Er ist nach wie vor noch in der Lage, seine Entscheidungen selbst zu treffen und zu verantworten. Eine ausgeprägte Demenz äussert sich deutlich anders.

Auch der folgende Text aus dem Buch Jesus Sirach befasst sich mit geistiger Schwäche:

> «Mein Sohn, wenn dein Vater alt ist, nimm dich seiner an und betrübe ihn nicht, solange er lebt. Wenn sein Verstand abnimmt, sieh es ihm nach und beschäme ihn nicht in deiner Vollkraft! Denn die Liebe zum Vater wird nicht vergessen, sie wird als Sühne für deine Sünden eingetragen.» (Sir 3,12–14; Einheitsübersetzung)

—

4 Zu Krankheiten und Heilmethoden, Arbeit und Versorgung zurzeit des AT vgl. Schroer / Staubli (Anm. 2), 241–263.474–493.496–503.

5 Vgl. Wagner (Anm. 1), 257–265 und Lang (Anm. 1), 4.2.

6 A. a. O., 263.

Bekannt war folglich das Phänomen des fortschreitenden Verlustes geistiger Fähigkeiten im Alter durchaus; ebenso wie das Problem der angemessenen Versorgung und des Umgangs mit senilen Menschen. Aber ausser darüber, dass auch für ältere Menschen, deren Verstand langsam abnimmt, die Familie zu sorgen hat und sie ebenfalls voll unter dem Elternehregebot stehen, sagt das AT über Demenz nicht viel.[7] Dennoch liegt hier ein Beitrag einer Theologin vor, die auf dem Gebiet des Alten Testamentes arbeitet. Die Frage darf berechtigter Weise lauten: Warum? In der Einleitung des Tagungsbandes wurde betont, dass der Umgang mit der Krankheit Demenz u. a. von unserem Menschenbild abhänge.

> «Eine Demenz ist das absolute Gegenteil dessen, was in unserer Gesellschaft als erstrebenswert gilt. Sie stellt drei zentrale Schlüsselwerte – Produktivität, Rationalität und Autonomie – radikal in Frage […] Die Vorstellung einer Demenz löst deshalb bei vielen Menschen tiefe Ängste aus.»[8]

Wie sehr unser Menschenbild auch unsere Bewertung des Demenzkranken als Person beeinflusst, möchte ich an einem kurzen Zitat verdeutlichen:

> «And my memory doesn't get me very far – I can't remember my name or exactly who you are […]. Will you please believe I'm not the person you see – I left that body long ago, I left it way back there […]. But there's more, something more than meets the eye – This is not the end, this is only goodbye.»[9]

Dieser Auszug aus einem Lied der schottischen Sängerin Amy MacDonald, in dem es um eine demenzkranke Frau geht, stellt die These auf, dass ein schwer demenzkranker Mensch gar nicht mehr die Person ist, die er einmal war, weil nur noch die äussere Hülle da sei. Er selbst ist, so die tröstenden Worte des Lieds, bereits im Jenseits. Nun handelt es sich hierbei natürlich lediglich um einen Popsong und nicht um eine philosophische oder theologische Abhandlung. Aber gerade an solchen Texten, die die Vorstellungswelt ihrer Hörer und Hörerinnen aufgreifen, sowie an vergleichbaren, Angehörigen zugesprochenen Worten, wird besonders gut deutlich, was viele Menschen sich fragen:

---

7 Näheres zur Ehrung der Eltern im Buch Sirach bei: Reinhold Bohlen, Die Ehrung der Eltern bei Ben Sira. Studien zur Motivation und Interpretation eines familienethischen Grundwertes in frühhellenistischer Zeit, TThSt 51, Trier 1991, passim und zur Ehrung der altgewordenen Eltern: Schenker (Anm. 1), passim.

8 Vgl. mit der Einleitung dieses Tagungsbandes und mit Heinz Rüegger, Alter(n) als Herausforderung. Gerontologisch-ethische Perspektiven, Zürich 2009, 146.

9 Auszug aus dem Popsong Left That Body long ago von Amy MacDonald, 2012.

Ist der bzw. die Erkrankte noch die Person, die er/sie einmal war, oder ist – ab einem gewissen Grad der Erkrankung – das Selbst des Patienten / der Patientin nicht mehr da?

So tröstend dieser Gedanke für manchen Angehörigen sein mag, hier zeigt sich eine deutliche Schwäche im Menschenbild der Moderne. Natürlich sind gerade die Autonomie und das Recht auf selbstständiges, freies Denken Errungenschaften der Aufklärung, die man auf gar keinen Fall preisgeben darf und die es zu verteidigen gilt. Aber das moderne Menschenbild, das seinen Fokus fast ausschliesslich auf Produktivität und Autonomie legt, den Unterschied zwischen Mensch und Tier in der Verstandestätigkeit und dem Bewusstsein sucht und zudem zwischen der Person und dem Menschen (mehr oder weniger) differenzieren kann,[10] zeigt insbesondere dort, wo Krankheit oder Behinderung den Menschen einschränken, deutliche Defizite. Es ist somit berechtigt zu fragen, ob unser Menschen- und Personenbild das einzig mögliche ist, ob es einer Korrektur bzw. einer Ergänzung bedarf und ob es alternative Menschenbilder gibt und wenn ja, welche das sind.

Ich möchte daher hier diesem modernen Menschenbild die alttestamentlichen Menschvorstellungen gegenüberstellen bzw. an die Seite stellen, die ihren Schwerpunkt nicht auf Autonomie, sondern das Eingebundensein in Beziehungen legen.

---

10 Vgl. Franz-Peter Burkard, Art. Person: Metzler Philosophie Lexikon. Begriffe und Definitionen, 2008, 444–445 und Holm Bräuer, Art. Person: Handwörterbuch Philosophie, 2003, 524–526; vgl. auch Thomas Blume, Art. Anthropologie: Handwörterbuch Philosophie, 2003, 252–255.
Die Frage, ob es eine Unterscheidung zwischen Mensch und Person gibt, d. h. ob jeder Mensch zugleich auch Person ist, oder es Menschen gibt, denen keine vollen Personenrechte zukommen, ist zurzeit besonders für die Medizinethik relevant, vor allem an den «Rändern» des menschlichen Lebens (Stichworte: Sterbehilfe, Umgang mit dementen Personen, embryonale Stammzellforschung). Vgl. François-Xavier Putallaz / Bernard N. Schumacher, Der Mensch und die Person: dies. (Hg.), Der Mensch und die Person. Mit einem Vorwort von Pascal Couchepin, Präsident der Schweizerischen Eidgenossenschaft, Darmstadt 2008, 9–12; Jacques Ricot, Menschenwürde und Ende des Lebens: Putallaz / Schumacher (Anm. 10), 27–38; Robert Spaemann, Es gibt kein gutes Töten: Putallaz / Schumacher (Anm. 10), 39–49; Günter Rager, Biologische Fakten und personales Denken: Putallaz / Schumacher (Anm. 10), 63–72; Thierry Collaud, Was wird in der Demenz aus der Person?: Putallaz / Schumacher (Anm. 10), 73–82.

II. Andere Menschenvorstellungen

Im Alten Testament wird sprachlich nicht zwischen Menschen (als Gattungsbegriff) und Personen differenziert. Ein «dem lat. *persona* [...] bzw. dem griech. πρόσωπον [...] entsprechenden Terminus»[11] gibt es im Alten Testament nicht. Aber auch die alttestamentlichen Vorstellungen über das Menschsein weichen deutlich von den heutigen ab.[12] Dies sollte nicht verwundern, denn Menschenbilder werden durch «bestimmte gesellschaftliche Verhältnisse geprägt» und «sind ohne sie gar nicht formulierbar»[13]. Andere gesellschaftliche und kulturelle Umstände führen also in der Regel auch zu anderen Selbstbestimmungen des Menschen.[14] Anders als bei der Erhebung zeitgenössischer Menschenbilder können wir bezüglich der alttestamentlichen Vorstellungen vom Menschen nicht auf wissenschaftliche/philosophische Explikationen zurückgreifen, denn solche existieren nicht. Im Alten Testament wird zwar sehr viel vom Menschen gesprochen, aber die hinter den Texten stehenden Vorstellungen vom Menschsein werden in der Regel nicht näher betrachtet.[15]

—

11 Bernd Janowski, Konstellative Anthropologie. Zum Begriff der Person im Alten Testament: Christian Frevel (Hg.), Biblische Anthropologie. Neue Einsichten aus dem Alten Testament, QD 237, Freiburg i. Br. 2010, 64–87 (64) (kursiv im Original).

12 Dies wurde in zahlreichen Publikationen zur alttestamentlichen Anthropologie dargelegt. Vgl. z. B. Schroer / Staubli (Anm. 2); Silvia Schroer / Thomas Staubli, Die Körpersymbolik der Bibel, Darmstadt [2]2005; Christian Frevel / Oda Wischmeyer, Menschsein. Perspektiven der Alten und Neuen Testaments, NEB. T 11, Würzburg 2003 und Bernd Janowski, Konfliktgespräche mit Gott. Eine Anthropologie der Psalmen, Neukirchen-Vluyn [2]2003 sowie den «Klassiker» Hans Walter Wolff, Anthropologie des Alten Testaments. Mit zwei Anhängen neu herausgegeben von Bernd Janowski, Gütersloh 2010.

13 Rainer Kessler, Anthropologie und Sozialgeschichte: Andreas Wagner (Hg.), Anthropologische Aufbrüche. Alttestamentliche und interdisziplinäre Zugänge zur historischen Anthropologie, FRLANT 232, Göttingen 2009, 69–76 (73) (beide Zitate). Vgl. hierzu auch Christian Frevel, Die Frage nach dem Menschen. Biblische Anthropologie als wissenschaftliche Aufgabe – Eine Standortbestimmung: ders. (Anm. 11), 29–63 (47–52).

14 Man betrachte hierzu die verschiedenen Definitionen des Menschseins in der Philosophiegeschichte. Vgl. Blume (Anm. 10) und Burkard (Anm. 10), jeweils passim. Vgl. hierzu auch Kessler (Anm. 13), passim.

15 Vgl. Andreas Wagner, Art. Mensch: Das wissenschaftliche Bibellexikon im Internet, online abrufbar unter: www.wibilex.de, 2006 (03.02.2016), passim; Silvia Schroer /

Einige, wenige Texte[16] explizieren jedoch die Menschenvorstellungen. Allerdings zeigen sich dabei durchaus unterschiedliche Ansichten. Der Klassiker unter diesen Texten ist sicherlich der erste Schöpfungstext, der den gesamten Kanon einleitet. Zu diesem wird später noch einmal zurückzukommen sein. Der Text betont abschliessend:

> «Und Gott sah alles an, was er gemacht hatte, und sieh, es war sehr gut.» (Gen 1,31; Übersetzung: Zürcher Bibel 2007)

Gen 6,5 konstatiert demgegenüber:

> «[…] dass die Bosheit des Menschen gross war auf Erden und dass alles Sinnen und Trachten seines Herzens allezeit nur böse war.»

Diese beiden Beispiele für recht widersprüchliche Bewertungen des Menschen liessen sich leicht vermehren.[17] Man kann folglich nicht einfach von dem *einen* Menschenbild des Alten Testaments sprechen, sondern muss bedenken, dass verschiedene alttestamentliche Texte – die über eine sehr lange Zeitspanne hinweg entstanden sind – unterschiedliche Vorstellung ausdrücken oder transportieren. «Die Aussagen zum Menschen sind weder thematisch stringent noch ergeben sie additiv *ein* Bild […]. *Den* biblischen Menschen oder *das* biblische Menschenbild gibt es nicht.»[18]

Jedoch haben neuere anthropologische, alttestamentliche Studien aufgezeigt, dass es bei aller Diversität auch Vorstellungen gab, die sich als konstant erweisen. Es gibt also «*anthropologische Konstanten,* die die unterschiedlichen

---

Thomas Staubli, Bodily and Embodied. Being Human in the Tradition of the Hebrew Bible: Interp. 67.1, 2013, 5–19 (5–6).

16 Z. B. Ps 8 und die Schöpfungstexte. Vgl. hierzu Janowski (Anm. 11), 68–81. «Die Frage ‹Was ist der Mensch?› wird im Alten Testament [nur] dreimal *expressis verbis* formuliert: Ps 8,5; Ps 144,3; Hi 7,17.» Ernst Waschke, Grundlagen einer theologischen Anthropologie des Alten Testaments: Jürgen van Oorschot / Andreas Wagner (Hg.), Anthropologie(n) des Alten Testaments, VWGTh 42, Leipzig 2015, 23–39 (25) (kursiv von Waschke). Vgl. auch ders., «Was ist der Mensch, dass du seiner gedenkst?» (Ps 8,5). Theologische und anthropologische Koordinaten für die Frage nach dem Menschen im Kontext alttestamentlicher Aussagen: ThLZ 116,11, 1991, 801–811 (803).

17 Vgl. z. B. Ps 8 mit Pred 3,18–21 oder das Betonen der Boshaftigkeit der Menschen in Ps 7 mit der Darstellung der Ruth im Buch Ruth. Vgl. für Beispiele der Pluralität der Aussagen Frevel (Anm. 13), 35–37.

18 Frevel (Anm. 13), 35 (kursiv im Original).

Menschenbilder des Alten Testaments jenseits aller Variabilität prägen»[19]. Nach Andreas Wagner besteht «[e]in basso continuo [...] in der Vorstellung von Gott und Mensch als Gegenüber, in der Geschöpflichkeit des Menschen und seiner Freiheit zum Handeln»[20].

Zu den Konstanten zählt Bernd Janowski neben dem «Axiom der Geschöpflichkeit» u. a. den konstellativen Personenbegriff (s. 2.) und dass keine Dichotomie von Leib und Seele bzw. Trichotomie von Leib, Seele und Geist (s. 1.) angenommen wird.[21] Dass es bei aller Pluralität solche Gemeinsamkeiten gibt, beruht darauf, dass «jede Gesellschaft als Teil des kulturellen Gedächtnisses über ein kollektives Welt- und Menschenbild verfügt». Dieses ist jedoch keineswegs «uniform und statisch»[22]. Es gibt folglich Vorstellungen, die innerhalb einer Kultur als Gemeingut gelten können, aber auch solche, die nur von manchen Mitgliedern einer Gesellschaft vertreten werden. Ausserdem gibt es immer auch Weiterentwicklungen/Veränderungen von Ansichten, da Kulturen ebenfalls nicht statisch sind, sondern sich immer wieder wandeln.[23] Zwei der genannten Konstanten innerhalb der alttestamentlichen Menschenvorstellungen möchte ich im Folgenden nun näher erläutern.

1. *Der Mensch als Ganzheit, keine klare Trennung zwischen Leib, Seele und Geist*

Die Texte des Alten Testaments kennen kein dichotomisches oder trichotomisches Menschenbild. Der Mensch besteht nach diesen nicht aus einem materiellen Leib und einer (höherwertigen) Seele und/oder einem (höherwertigen)

---

19 Janowski (Anm. 11), 82. Vgl. auch ders., Anthropologie des Alten Testaments. Grundfragen – Kontexte – Themenfelder: ThLZ 139.5, 2014, 535–554 (544–550); ders., Anthropologie des Alten Testaments. Versuch einer Grundlegung: Andreas Wagner (Hg.), Anthropologische Aufbrüche. Alttestamentliche und interdisziplinäre Zugänge zur historischen Anthropologie, FRLANT 232, Göttingen 2009, 13–41 (20–41).

20 Wagner (Anm. 15), 6.

21 Vgl. Janowski (Anm. 11), 65–68.81–82.

22 Ulrike Steinert, «Zwei Drittel Gott, ein Drittel Mensch». Überlegungen zum altmesopotamischen Menschenbild: Bernd Janowski (Hg.), Der ganze Mensch. Zur Anthropologie der Antike und ihrer europäischen Nachgeschichte, Berlin 2012, 59–81 (60, beide Zitate).

23 Vgl. a. a. O., 60. Steinert verweist hierzu auf Jan Assmann, Das kulturelle Gedächtnis. Schrift, Erinnerung und politische Identität in frühen Hochkulturen, München [7]2013.

Geist.[24] Zwar begegnet das Wort *Seele* in deutschen Übersetzungen des Alten Testaments durchaus, aber gemeint ist dabei nicht die *unsterbliche Seele,* die der wertvollere Teil des Menschen ist und ihn als Person ausmacht. Das Wort *næfæš,* das gerne mit Seele wiedergegeben wird, bedeutet nämlich eigentlich ursprünglich *Kehle.* Als «Organ der Nahrungsaufnahme und des Atmens»[25], d. h. als der Engpass, durch den Nahrung und Atemluft aufgenommen werden, wurde dieser eine wichtige Rolle bei der Aufrechterhaltung der Lebendigkeit des Menschen zugesprochen und sie wurde eng mit dem Verlangen nach bzw. der Abscheu vor Nahrung verbunden. Daher kann das Wort neben dem Verlangen und dem Atmen, d. h. Aufgaben/Funktionen, die der Kehle zugesprochen wurden, auch die verlangende und bedürftige Lebendigkeit / das Leben des Individuums bezeichnen. Diese endet mit dem Tod ebenfalls. Der Mensch ist folglich nicht Leib plus (wertvollere, unsterbliche) *næfæš,* sondern der Mensch ist sein Körper und die *næfæš* ist Teil des lebendigen Körpers. Das Wort *næfæš* bezeichnet zudem, insbesondere in Rechtstexten, den Menschen und kann, meist in Verbindung mit *ḥajja* (lebendig), lebendige Wesen bezeichnen. Mehrfach erscheint das Wort aber auch als Subjekt verschiedener Emotionen.[26]

—

24 Vgl. Wolff (Anm. 12), 29–31; Frevel / Wischmeyer (Anm. 12), 27–29; Janowski (Anm. 12), 44; Schroer / Staubli (Anm. 12), 53–54; Martin Rösel, Die Geburt der Seele in der Übersetzung. Von der hebräischen *näfäsch* über die *psyche* der LXX zur deutschen Seele: Andreas Wagner, Anthropologische Aufbrüche. Alttestamentliche und interdisziplinäre Zugänge zur historischen Anthropologie, FRLANT 232, Göttingen 2009, 151–170 (153–154); Katrin Müller, «So wurde der Mensch ein lebendiges Wesen …». Die «Seele» des Menschen im Alten Testament: BiHe 189, 2012, 14–16; Rainer Albertz, Art. Mensch. II. Altes Testament: TRE 22, 1992, 464–474 (465–467).

25 Wolff (Anm. 12), 54.

26 Vgl. zu diesem und den beiden vorhergehenden Absätzen Müller (Anm. 24), 14–16; Peter Schwagmeier, Was steht da, wenn da «Seele» steht? Die «Seele» in der Bibelübersetzung: BiHe 189, 11–13; Thomas Krüger, ach ja die seele. Der Verlust der Seele – ein Gewinn für die theologische Anthropologie?: Hermeneutische Blätter 1/2, 2005, 34–41; Janowski (Anm. 12), 204–205; Bernd Janowski, Die lebendige *næpæš.* Das Alte Testament und die Frage nach der «Seele». Alfred Marx zum 70. Geburtstag: ders. / Christoph Schwöbel (Hg.): Gott – Seele – Welt. Interdisziplinäre Beiträge zur Rede von der Seele, ThID, Neukirchen-Vluyn 2013, 12–43; Wolff (Anm. 12), 33–55; Frank Crüsemann, Die Aussenwelt der Innenwelt. Seele und Leib in alttestamentlich-biblischer Sicht: Zeitzeichen 12, 2006, 30–32; Schroer / Staubli (Anm. 12), 45–49; Jürgen van Oorschot, נפש in alttestamentlicher Verwendung und

> «Auf meinem Lager bei Nacht suchte ich den, den meine *næfæš* liebt, aber ich fand ihn nicht.» (Hhld 3,1)

Hier steht es allerdings – wie recht häufig und wie andere Körperteillexeme im Hebräischen auch – suffigiert zur Bezeichnung der Person selbst. Man kann nämlich diesen Vers ohne Veränderung des aussersprachlich Bezeichneten sinngemäss folgendermassen wiedergeben:

> Auf meinem Lager bei Nacht suchte ich den, den *ich* liebe, aber ich fand ihn nicht.

Ein Körperteil, das gedanklich eng mit dem Verlangen verbunden wurde, wird also pars pro toto für den Menschen unter diesem Aspekt verwendet. Bei Übersetzungen wird, mangels eines Wortes, das dies genau wiedergibt, in solchen Fällen gerne zu *Seele*, im Sinne von «Gesamtheit, gesamter Bereich dessen, was das Fühlen, Empfinden, Denken eines Menschen ausmacht»[27] gegriffen. Allerdings trifft dies den Aussagesinn nicht richtig, denn auch andere Körperteillexeme erscheinen im Kontext von Emotionalität und werden pars pro toto zur Bezeichnung des menschlichen Subjekts verwandt,[28] so z. B. das Herz, das häufig mit Freude in Verbindung gebracht wird, oder die Nieren.

> «Und alles, wonach meine Augen fragten, habe ich ihnen nicht verwehrt und meinem Herzen habe ich keine aller Freuden versagt. Ja, mein Herz freute sich nach all meiner Mühe und das war mein Anteil nach all meiner Mühe.» (Pred 2,10)

> «[…] und meine Nieren frohlocken, wenn deine Lippen reden, was recht ist.» (Spr 23,16)

Die *næfæš* ist also nicht der *eine* Sitz der Emotionalität des Menschen. Zudem wird sie in der Regel nicht mit dem menschlichen Denken verbunden.[29] Das

---

Funktion: ders. / Andreas Wagner (Hg.), Anthropologie(n) des Alten Testaments, VWGTh 42, Leipzig 2015, 117–131.

27 Dudenredaktion (Hg.), Duden. Das Bedeutungswörterbuch (Duden 10), Mannheim u. a. [10]2010, 842.

28 Vgl. hierzu auch Andreas Wagner, Wider die Reduktion des Lebendigen, Über das Verhältnis der sogenannte Anthropologischen Grundbegriffe und die Unmöglichkeit, mit ihnen die alttestamentliche Menschenvorstellung zu fassen: ders. (Hg.), Anthropologische Aufbrüche. Alttestamentliche und interdisziplinäre Zugänge zur historischen Anthropologie, FRLANT 232, Göttingen 2009, 183–199 (196–199).

29 Näher habe ich das hier zur *næfæš* Angeführte in meiner am 12.05.2016 an der Theologischen Fakultät der Universität Bern angenommenen Dissertationsschrift «Der Mensch als נֶפֶשׁ und die næfæš des Menschen. Das Bedeutungsspektrum des Wortes

Herz hingegen ist besonders häufig als Ort des Denkens und Erinnerns im Blick. Die Funktion des Gehirns ist dem Alten Testament nicht bekannt.[30]

> «Nur hüte dich und hüte dich (deine *næfæš*) sehr, dass du nicht vergisst die Dinge, die deine Augen gesehen haben und dass sie aus deinem Herzen nicht verschwinden alle Tage deines Lebens und lasse sie deine Söhne und die Söhne deiner Söhne wissen.» (Dtn 4,9)

Aber auch andere Körperteile werden genannt, wenn es um den Erkenntnisprozess geht.[31]

> «Hört doch dies, Volk, töricht und ohne Herz (= ohne Verstand/Einsicht), Augen haben sie und sehen nicht, Ohren haben sie und hören nicht.» (Jer 5,21)

> «Ich preise Jahwe, der mich beraten hat, auch bei Nacht unterweisen mich meine Nieren.» (Ps 16,7)

Auch wenn dem Herzen eine gewisse Zentralität zukommt,[32] heisst dies also, dass es *nicht den einen Sitz der Emotionen* oder *die eine Steuerzentrale* gibt. Eine Abwertung des Körpers gegenüber einer höherwertigen Steuerinstanz erfolgt somit in den alttestamentlichen Schriften nicht.

Auch das Wort *rûaḥ*,[33] das häufig mit Geist übersetzt wird, bezeichnet nicht den menschlichen Geist als seinen Intellekt. Wo von der menschlichen

---

נֶפֶשׁ und das næfæš-Konzept der alttestamentlichen Menschenvorstellungen aus kognitiv-linguistischer Perspektive» dargelegt.

30 Vgl. Bernd Janowski, Das Herz – ein Beziehungsorgan. Zum Personverständnis des Alten Testaments: Jürgen van Oorschot / Andreas Wagner (Hg.), Anthropologie(n) des Alten Testaments, VWGTh 42, Leipzig 2015, 43–64 (43).

31 Vgl. zu den Nieren Wolff (Anm. 12), 111–112 und Frevel / Wischmeyer (Anm. 12), 34–36 und zu Auge und Ohr Frevel / Wischmeyer (Anm. 12), 38–41 sowie Schroer / Staubli (Anm. 12), 85–108.

32 Vgl. Janowski (Anm. 30), 43–64.

33 Vgl. zu *rûaḥ* Schroer / Staubli (Anm. 12), 170–173; Frevel / Wischmeyer (Anm. 12), 30–32; Wolff (Anm. 12), 64–74; Helen Schüngel-Straumann, Rûaḥ bewegt die Welt. Gottes schöpferische Lebenskraft in der Krisenzeit des Exils, SBS 151, Stuttgart 1992, 22–36.96–97; Rainer Albertz / Claus Westermann, Art. *rūaḥ* Geist: THAT II, 1984, 726–753 und Sven Tengström, Art. *rûaḥ*. I–VI.: ThWAT VII, 1993, 385–418.

rûaḥ gesprochen wird, ist eher «die Triebkraft[34] und der Willen des Menschen» bezeichnet (z. B. Spr 25,28) oder sein Mut / seine Haltung (z. B. Num 14,24) im Blick. Die menschliche *rûaḥ* wird daneben ebenfalls mehrfach mit Gefühlen oder emotionalen Zuständen in Verbindung gebracht (z. B. Spr 25,28). Gottes *rûaḥ* meint hingegen dessen «schöpferische, lebenserhaltende, aber auch ehrfurchterregende Kraft, ohne die der Mensch nicht existieren würde». Durch sie «können Menschen zudem mit bestimmten Fähigkeiten und Begabungen ausgestattet werden (z. B. Num 24,2f)»[35].

Da es nicht den einen Sitz der Emotionen oder die eine Steuerzentrale gibt, spielt auch die Differenz zwischen dem «sichtbaren» Menschen und seinem wahren Ich, seinem Selbst oder wie man dies bezeichnen mag, im AT keine sehr grosse Rolle: «Wer jemand ist, lässt sich nicht einfach von seiner körperlichen Integrität trennen, denn es gibt kein ‹Zentrum› innerhalb eines Selbst und abgesehen vom Körper, das dem Körper als ein ‹reales› Selbst im Unterschied zum sichtbaren Selbst gegenübergestellt werden könnte.»[36]

Das Alte Testament kennt also nicht die Vorstellung, dass es ein wahres Selbst im Inneren des Menschen gibt, das diesen als Person ausmacht und um das der Körper nur eine unbedeutende Hülle bildet. Der Mensch ist eine Ganzheit. Ein demenzkranker Mensch ist somit nach dieser Vorstellung keinesfalls mit fortschreitender Krankheit nur noch ein «Körper», eine «leere Hülle»; es gibt kein höherwertiges, «inneres» Selbst, das er durch die Krankheit verlieren könnte. Er ist demnach auch als an Demenz Erkrankter immer «ganzer Mensch».

Natürlich heisst dies nicht, dass Innerlichkeit dem Alten Testament völlig fremd wäre. Dies zeigt z. B. der folgende Beleg:

> «Wenn er freundlich redet, trau ihm nicht, denn siebenfach ist Abscheuliches in seinem Herzen.» (Spr 26,25; Übersetzung: Zürcher Bibel 2007)

—

34 Diese wird manchmal auch als «von aussen kommend angesehen», z. B. kann «die *ruach* der Eifersucht […] zu falschen Taten» verleiten (Num 5,30). Müller (Anm. 24), 16 (beide Zitate). Vgl. Andreas Wagner, Eifern und eifersüchtig sein. Zur sprachlichen Konzeptualisierung von Emotionen im Deutschen und im Hebräischen: ders., Emotionen, Gefühle und Sprache im Alten Testament. Vier Studien, KUSATU 7, Waltrop ²2011, 75–100.

35 Müller (Anm. 24), 16 (alle Zitate in diesem Absatz).

36 Robert A. Di Vito, Alttestamentliche Anthropologie und die Konstruktion personaler Identität: Bernd Janowski (Hg.), Der ganze Mensch. Zur Anthropologie der Antike und ihrer europäischen Nachgeschichte, Berlin 2012, 129–152 (145).

In den alttestamentlichen Texten wird also durchaus thematisiert, dass Menschen nicht immer so sind, wie sie nach aussen hin scheinen. Aber dies ist keine Betonung des besonderen Wertes des wahren Ichs oder des Selbst, sondern nur ein Ausdruck der Tatsache, dass Menschen sich verstellen können und ihr Handeln nicht immer widerspiegelt, was sie wirklich denken. Das Herz ist ja, wie oben dargestellt, u. a. für das Denken zuständig. Anders als heute ist «Innerlichkeit […] im Alten Testament vornehmlich negativ konnotiert»[37].

Nur wenige Texte bewerten es als eine Weisheit des Menschen, wenn dieser sein Wissen in seinem Inneren verbergen kann und, anders als der Narr, über die Fähigkeit der Distanzierung von der Aussenwelt verfügt.

> «Ein kluger Mensch verbirgt sein Wissen, das Herz der Dummen aber schreit Torheit hinaus.» (Spr 12,23; Übersetzung: Zürcher Bibel 2007)

Doch bezieht sich dies auf das Äussern von Wissen/Weisheit und nicht auf ein nicht fassbares wahres Ich oder Selbst. «Vorherrschend ist nicht das Ideal, dass sich der Mensch in seine Innerlichkeit wie in einen Schutzwall zurückzieht, sondern vielmehr diejenige [sic!] des immer schon auf die Aussenwelt bezogenen ‹innengeleiteten Menschen›».[38] Zwar ändert die Krankheit Demenz die Art und Weise, wie ein Mensch «innengeleitet» ist, natürlich sehr stark, aber dies bedeutet in der Vorstellungswelt des Alten Testaments, wie oben dargelegt, eben nicht zugleich auch den Verlust seines wahren Selbst und stellt somit auch nicht sein Personsein in Frage. Das Stichwort «Personsein» und das Bezogensein auf die Aussenwelt führt zur nächsten Konstante im alttestamentlichen Menschenbild, die für das hier zu behandelnde Thema besonders relevant ist: Dem konstellativen Personenbegriff.

2. *Der konstellative Personenbegriff*

Ein zweiter deutlicher und wichtiger Unterschied zu heutigen Vorstellungen liegt darin, dass «[d]ie personale Identität […] nicht durch eine die Selbst- und Aussenwahrnehmung steuernde ‹Rationalität›, sondern durch Konstellationen zustande [kommt], die komplexe, auf Gegenseitigkeit (Mann/Frau, Indi-

---

37 Vgl. Jan Dietrich, Individualität im Alten Testament, Alten Ägypten und Alten Orient: Angelika Berlejung / Jan Dietrich / Joachim Friedrich Quack (Hg.), Menschenbilder und Körperkonzepte im Alten Israel, in Ägypten und im Alten Orient, ORA 9, Tübingen 2012, 77–96 (81–87; Zitat: 85).

38 A. a. O., 87.

viduum/Gemeinschaft, Gott/Mensch) ausgerichtete *Beziehungen des Menschseins* zum Ausdruck bringen»[39]. Bernd Janowski nennt dies einen *konstellativen Personenbegriff*.[40] Ein Wort für das, was wir mit Person in der Regel bezeichnen, kennt das AT allerdings nicht. Wie oben dargelegt, differenziert es sprachlich nicht zwischen Mensch und Person. Gemeint ist mit dem konstellativen Personenbegriff aber, dass das, was die menschliche Identität ausmacht, nicht in erster Linie die Rationalität oder eine innere Tiefe ist, die von der Aussenwelt nicht erfassbar ist, auch nicht sein Ich oder Selbst oder die Fähigkeit zur Abgrenzung. Was den Menschen ausmacht, ist vielmehr seine Eingebundenheit in bestimmte Beziehungen, Konstellationen.

Diese Betonung der Relationalität des Menschen haben die meisten alttestamentlichen Texte gemeinsam.[41] Bereits die Urgeschichte, der Auftakt des gesamten Kanons, «die Besinnung auf Mensch und Menschheit im Allgemeinen[, die] der eigentlichen Geschichte Israels vorangestellt wird»[42] macht dies deutlich: Der Mensch steht von Anfang an in Beziehungen zu Gott, seinem Partner / seiner Partnerin, seinen Kindern und seinen Mitmenschen. «Die Relationalität und Sozialität des Menschen sind nichts dem Menschen akzidentiell Hinzukommendes, sondern etwas ihm Wesentliches.»[43] Dies unterscheidet ihn zugleich auch von den Tieren, die zwar auch Geschöpfe Gottes sind, aber, so Andreas Schüle, «dazu bestimmt, den ihnen jeweils zugemessenen Raum einzunehmen und sich ihrer ‹Art› entsprechend fortzupflanzen – modern gesprochen geht es um Reproduktion, Arterhaltung und das Füllen der ökologischen Nische». Natürlich wurde auch dem Menschen ein bestimmter Lebensraum zugeteilt, aber er lebt «doch in sehr viel reicheren, nicht funktional determinierten Beziehungsgeflechten». Diese kann und muss er gestalten.[44] Der oben erwähnte erste Schöpfungstext betont bereits das besondere Verhältnis des Menschen zu Gott.[45]

—

39 Janowski (Anm. 11), 67–68 (kursiv von Janowski).

40 Vgl. a. a. O., 64–82 (81–82).

41 Vgl. Jan Dietrich, Sozialanthropologie des Alten Testaments. Grundfragen zur Relationalität und Sozialität des Menschen im alten Israel: ZAW 127, 2015, 224–243 (224).

42 Andreas Schüle, Art. Urgeschichte: Das wissenschaftliche Bibellexikon im Internet, online abrufbar unter: www.wibilex.de, 2008 (09.02.2016), 4.

43 Dietrich (Anm. 41), 224.

44 Vgl. Schüle (Anm. 42), 4. (beide Zitate: 4.).

45 Vgl. zur folgenden Darstellung Andreas Wagner, Gottes Körper. Zur alttestamentlichen Vorstellung der Menschengestaltigkeit Gottes, Gütersloh 2010, 167–181. Vgl.

«Und Gott sprach: Lasst uns Menschen machen als unser Bild (*ṣælæm*), uns ähnlich (*d^e^mût*). Und sie sollen herrschen über die Fische des Meers und über die Vögel des Himmels, über das Vieh und über die ganze Erde und über alle Kriechtiere, die sich auf der Erde regen. Und Gott schuf den Menschen als sein Bild, als Bild Gottes schuf er ihn; als Mann und Frau schuf er sie.» (Gen 1,26–27; Übersetzung: Zürcher Bibel 2007)

Der Mensch, Mann und Frau gleichermassen, wird hier als gottebenbildlich bezeichnet. Diese Gottebenbildlichkeit zielt aber nicht primär auf das Aussehen des Menschen, also die Form seines Körpers. Betrachtet man nämlich die Bedeutung der beiden verwendeten Wörter, *ṣælæm* und *d^e^mût*, genauer, wird deutlich, was wirklich gemeint ist. *ṣælæm* bedeutet in diesem Zusammenhang «Kultbild». Der Mensch ist also Kultbild Gottes auf der Erde. «Wie das Kultbild – nach altorientalischer Vorstellung – einen Gott repräsentiert, so repräsentiert der Mensch […] Gott. Der Mensch steht in der Welt an Gottes Statt»[46], d. h. er ist sein Stellvertreter. Er steht somit in einer ganz besonderen Beziehung zu Gott. Um seine Aufgabe, die Erde zu beherrschen und zu verwalten, erfüllen zu können, wird er von Gott mit einer funktionalen Ähnlichkeit (*d^e^mût*), nicht Identität, ausgestattet, d. h. er ist so geschaffen, dass er kommunizieren und handeln kann. So kann er Gottes Willen erkennen und erfüllen. «Vermittelt über den Weg der menschlichen Fortpflanzung»[47] gilt diese besondere Beziehung zu Gott laut Gen 5,3 für alle Menschen auf dieser Welt.

«Und als Adam hundertdreissig Jahre alt war, zeugte er einen Sohn, ihm ähnlich, der wie sein Bild war, und er nannte ihn Schet.» (Gen 5,3; Übersetzung: Zürcher Bibel 2007)

Da die Nachkommen Adams ihm ebenbildlich sind und er Gott ebenbildlich, sind folglich auch seine Nachkommen Gott ebenbildlich, d. h. jeder Mensch steht zu Gott in dieser besonderen Beziehung. Auch Ps 8 beschäftigt sich mit

—

auch Hubert Irsigler, Zur Interdependenz von Gottes- und Menschenbildern im Kontext alttestamentlicher Anthropologien: Christian Frevel (Hg.), Biblische Anthropologie. Neue Einsichten aus dem Alten Testament, QD 237, Freiburg i. Br. 2010, 350–389 (364–370) und Bernd Janowski, Die lebendige Statue Gottes. Zur Anthropologie der priesterlichen Urgeschichte: Markus Witte (Hg.), Gott und Mensch im Dialog, FS Otto Kaiser. Bd. 1, BZAW 345, Berlin / New York 2004, 183–214 (185–206).

46 Wagner (Anm. 45), 178.

47 A. a. O., 167. Vgl. auch Frevel / Wischmeyer (Anm. 12), 14.

dieser Relation. Gerahmt von Versen, die Gott als Schöpfer und Herrscher preisen, steht dort:[48]

> «Wenn ich deinen Himmel sehe, das Werk deiner Finger, den Mond und die Sterne, die du hingesetzt hast: Was ist der Mensch, dass du seiner gedenkst, und des Menschen Kind, dass du dich seiner annimmst? Du hast ihn wenig geringer gemacht als Gott, mit Ehre und Hoheit hast du ihn gekrönt. Du hast ihn zum Herrscher gesetzt über die Werke deiner Hände, alles hast du ihm unter die Füsse gelegt: Schafe und Rinder, sie alle, dazu auch die Tiere des Feldes, die Vögel des Himmels und die Fische im Meer, was da die Pfade der Meere durchzieht.» (Ps 8,4–9; Übersetzung: Zürcher Bibel 2007)

In Ps 8,4 wird explizit die Frage gestellt, was der Mensch ist; allerdings mit dem Zusatz, dass Gott seiner gedenkt, sich seiner annimmt. Hier liegt also kein Anthropo-, sondern ein Theozentrismus vor. Gefragt wird nach dem Menschen vor Gott, nach der besonderen Beziehung zwischen beiden. Diese wird von Gott selbst konstituiert, nicht vom Menschen. Gott hat den Menschen sich ebenbildlich gemacht und ihn damit mit besonderer Ehre ausgestattet. Er hat ihn zu seinem Stellvertreter, zum Herrscher über seine Schöpfung bestellt. Aber er lässt ihn in dieser Rolle nicht allein, sondern nimmt sich seiner an und gedenkt ihm, d. h. er wendet sich dem Menschen stetig zu. «Diese Aufmerksamkeit, d. h. das Gedenken Gottes gilt allen Menschen und sie gilt, wie die Protasis V. 4 mit ihrem Hinweis auf die majestätische Höhe und Weite des nächtlichen Himmels mit seinen Gestirnen (Mond und Sterne) deutlich macht, dem Menschen in seiner Kleinheit und Hinfälligkeit.»[49]

Dazu ergänzt der zweite Schöpfungstext eine zweite, den Menschen ausmachende Beziehung. Der Mensch ist in den alttestamentlichen Texten immer schon auf die Beziehung zu anderen Menschen angelegt.[50] Das macht ihn als Mensch ebenso aus wie sein Bezogensein auf Gott. Der zweite Schöpfungstext berichtet davon, wie «dem Adam», dem ersten Menschen, eine Partnerin erschaffen wird und nennt als Grund: Es ist nicht gut, dass der Mensch allein ist (Gen 2,18). Diese Aussage ist programmatisch für die Sicht auf den Menschen im AT. «Diese von Lebenserfahrung geprägte Einsicht, dass Einsamkeit für einen Menschen nicht gut ist, findet sich auch in der Weisheitsliteratur

---

48 Vgl. zur folgenden Darstellung der Aussage der Verse Janowski (Anm. 11), 78–81. Vgl. auch Irsigler (Anm. 45), 370–377 und Waschke (Anm. 16), 803–805.

49 Janowski (Anm. 11), 80.

50 «Der Mensch ist kein Solitär, sondern ein soziales Wesen». Frevel / Wischmeyer (Anm. 12), 16. Vgl. dort auch zu den beiden Schöpfungstexten 12–17.

und hier besonders im Kohelet- und im Sirachbuch.»[51] Viele Reflexionen über den Ausschluss aus der Gemeinschaft und die tödliche Wirkung auf den Menschen finden sich im Psalter. Aus zahlreichen Klagepsalmen geht hervor, dass «einer allein [...] nicht im vollen Sinn lebendig [ist]». Zum Menschsein gehört konstitutiv dazu, dass er in Beziehung zu anderen steht. «Es muss einer da sein – Gott, ein Familienangehöriger, Nachbar oder Freund –, der ihn in seinem Leben geleitet, der sich um ihn kümmert und dafür sorgt, dass seine Ehre, wie Ps 7,6 formuliert, nicht ‹in den Staub› gelegt wird.»[52]

Interessant für das Thema dieses Artikels ist auch die Reihenfolge der Erzählung in Gen 1–3, die als Teil der Urgeschichte «eine Reflexion auf das allgemein Menschliche sowie auf das Wesen des Schöpfergottes und seiner Beziehung zur geschaffenen Welt»[53] darstellt. Erst nach dem Eingebundensein in Beziehungen als Merkmal des Menschseins (Gen 1–2) wird die Erkenntnis von Gut und Böse im Rahmen der Erzählung vom Sündenfall (Gen 3) thematisiert. Zwar impliziert natürlich auch die Ebenbildlichkeit mit ihrer Handlungs- und Kommunikationsfähigkeit sowie die Erzählung um die Schöpfung der Frau (Stichwort: Namensgebung) eine Verstandestätigkeit des Menschen. Zudem wurden insbesondere Weisheit und Wissen im Sinne von praktischem Lebenswissen hochgeschätzt, wie uns die weisheitlichen Texte[54] ebenso wie manche Erzählungen aufzeigen. Aber dennoch zeigt dies, dass es für das AT nicht primär der Verstand, das Selbstbewusstsein oder die Autonomie ist, die den Menschen zu einer Person macht. Personsein zeichnet sich nämlich in erster Linie durch das In-Beziehung- und auch In-Abhängigkeit-Stehen zu Gott und anderen Menschen aus. Zudem ist dem Menschen durch seine besondere Beziehung zu Gott auch eine besondere Würde beigelegt.

III. Fazit

Im Alten Testament ist es, wie gezeigt, gerade nicht die Autonomie, die den Menschen auszeichnet, sondern sein Eingebundensein in Beziehungen und

—

51 Janowski (Anm. 11), 72.

52 A. a. O., 76 (beide Zitate).

53 Schüle (Anm. 42), 4.

54 Vgl. zur Weisheit Jutta Hausmann, Art. Weisheit (AT): Das wissenschaftliche Bibellexikon im Internet, online abrufbar unter: www.wibilex.de, 2009 (29.03.2016), passim.

seine Angewiesenheit auf andere. Wenn wir diesen Gedanken unserem Menschen- bzw. Personenbild korrigierend zur Seite stellen, heisst das also: Der demenzkranke Mensch mag seine Autonomie, Produktivität und seine Selbstbestimmungsfähigkeit nach und nach verlieren, aber er bleibt dennoch im Vollsinn Mensch und Person, weil er bis zuletzt in Beziehung zu anderen steht und angewiesen auf andere Menschen ist. Diese Konstellationen mag er zwar nicht mehr selbst konstituieren und nicht mehr erinnern können, auch das In-Beziehung-Treten mag ein anderes sein, aber dennoch ist er Teil einer Familie und der Gesellschaft und benötigt die Zuwendung und Hilfe anderer Menschen. Eine Beziehung bricht zudem nach christlicher Sicht bis zum Ende und darüber hinaus nicht ab: die zu Gott! Diese konstituiert nämlich nicht der Mensch, sondern Gott selbst. Er wendet sich dem Menschen gerade auch in seiner Hinfälligkeit zu. Zudem ist nach dem Menschenbild des AT, wie dargelegt, der Kranke nicht mit vorschreitender Krankheit nur noch ein «Körper», eine leere Hülle, sondern bleibt immer «ganzer Mensch». Daher gilt für ihn auch, wie Jesus Sirach schreibt:

> «Mein Sohn, wenn dein Vater alt ist, nimm dich seiner an und betrübe ihn nicht, solange er lebt. Wenn sein Verstand abnimmt, sieh es ihm nach und beschäme ihn nicht in deiner Vollkraft!» (Sir 3,21; Einheitsübersetzung)

Anika Christina Albert

Zuhause in der eigenen Fremdheit

Theologisch-ethische Überlegungen zu Lebensqualität und Demenz

«Ein Blick in den Spiegel – fahle Augen, ein müdes Achselzucken. Wer ist das? Und was hat diese Frau mit mir zu tun? Die Ärzte nennen das, was dahinter steckt, Demenz – Diagnose Alzheimer. Doch was hilft mir das? Die Welt um mich herum verstehe ich immer weniger. Das verwirrt mich. Ich renne los. Wo bin ich? Und wie komme ich nach Hause? Zuhause war gestern. Heute ist alles fremd – ver–rückt – anders …»[1]

I. Was ist Lebensqualität?

Die Frage, was Lebensqualität ist, lässt sich allein aufgrund der Unklarheit, welche wissenschaftliche(n) Disziplin(en) die Deutungshoheit haben, keineswegs eindeutig beantworten. Die Weltgesundheitsorganisation WHO schlägt folgende Definition vor: «Lebensqualität ist die subjektive Wahrnehmung einer Person über ihre Stellung im Leben in Relation zur Kultur und den Wertesystemen, in denen sie lebt, und in Bezug auf ihre Ziele, Erwartungen, Standards und Anliegen.»[2] Damit wird deutlich, dass zur Bestimmung von Lebensqualität subjektive und objektive Komponenten zusammenspielen, nämlich einerseits die persönlichen Wahrnehmungen und Einstellungen einer konkreten Person, die andererseits zu den Umweltbedingungen, in denen sie lebt, in Relation gesetzt werden müssen. Insofern ergibt sich zur Analyse von Lebensqualität unter den Bedingungen von Demenz aus ethischer Sicht eine Differenzierung der Perspektiven: Es gilt, individualethisch

—

1 Fiktive Selbstbetrachtung einer Alzheimerpatientin.

2 The World Health Organization Quality of life assessment (WHOQOL), Position Paper from the World Health Organization: Social Science & Medicine 41, 1995, 1403–1409 (1405).

die Perspektive der Betroffenen wahrzunehmen und personalethisch die Sicht ihrer An- und Zugehörigen sowie die Lebensbedingungen ihres engeren Sozialraumes einzubeziehen. Darüber hinaus sind im Falle einer professionellen Versorgung zuhause oder in einer Pflegeeinrichtung organisations- und professionsethische Aspekte zu berücksichtigen. Diese betreffen beispielsweise das Selbstverständnis der Pflegekräfte oder die Frage, inwiefern ein Wohnumfeld «demenzfreundlich» ausgestattet werden kann. Schliesslich gilt es, aus sozialethischer Perspektive politisch und gesellschaftlich relevante Aspekte einzubeziehen und damit die gesamtgesellschaftliche Dimension zu reflektieren. Beispielsweise ist hier zu analysieren, wie in gesellschaftlichen Prozessen Vorstellungen von gelingendem Leben im Alter entstehen und inwiefern diese die individuelle Einschätzung der Lebensqualität auch unter den Bedingungen von Demenz sowie medizinische und pflegerische Entscheidungen einerseits und politische und ökonomische Entscheidungen andererseits beeinflussen. Wie unten näher erläutert werden wird, gewinnen dabei technik-ethische Aspekte in den aktuellen Diskussionen eine immer grössere Bedeutung. Eine Auswahl der skizzierten ethischen Fragestellungen soll in diesem Beitrag näher beleuchtet werden, um schliesslich das Thema Lebensqualität und Demenz konstruktiv weiterdenken zu können.

Empirisch relevant ist die Erfassung von gesundheitsbezogener Lebensqualität besonders in den Bereichen Medizin und Pflege und hat hier vor allem im Zuge der Setzung von Qualitätsstandards in den 1990er Jahren in Deutschland grosse Bedeutung erlangt.[3] Allerdings stellt sich auch hier das Problem, dass der Begriff der Lebensqualität nicht einheitlich definiert ist und häufig semantisch unscharf verwendet wird. Hinzu kommt die Herausforderung, ein qualitatives Phänomen in quantitativen Daten erfassen zu wollen, wobei insbesondere emotionale Aspekte häufig unberücksichtigt bleiben. Gerade diese sind aber für die Bestimmung von Lebensqualität von zentraler Bedeutung. Fraglich bleibt somit, wie aussagekräftig und belastbar Aussagen über die Messbarkeit und Vergleichbarkeit von Lebensqualität sein können. Ausserdem bleiben die Dynamik und Mehrdimensionalität in vielen Lebensqualitätskonzepten unbeachtet.[4]

—

3 Vgl. hierzu exemplarisch: Henriette Krug, Lebensqualität und Selbstbestimmung bei neurodegenerativen Erkrankungen. Diskussion anhand ausgewählter Krankheitsbilder: Michael Coors / Martina Kumlehn (Hg.), Lebensqualität im Alter. Gerontologische und ethische Perspektiven auf Alter und Demenz, Stuttgart 2014, 115–126.

4 Vgl. Michael Coors, Lebensqualität und Alter: Coors / Kumlehn (Anm. 3), 9–23; Hermann Brandenburg / Helen Güther, Lebensqualität und Demenz – theoretische,

1. *Lebensqualität unter den Bedingungen von Alter und Demenz aus individual- und personalethischer Perspektive*

Die Frage, wie ein gutes Leben im Alter im Allgemeinen und unter den Bedingungen von Demenz im Besonderen gestaltet werden kann, löst bei vielen Menschen Unbehagen aus. Kann Lebensqualität trotz schwindender Erinnerungen, kognitiver Defizite, zunehmender Angewiesenheit auf Unterstützung durch andere Menschen oder technische Hilfsmittel erhalten oder möglicherweise sogar noch gesteigert werden? Oder führen der zunehmende Verlust der Selbstkontrolle und die Veränderungen der eigenen Persönlichkeit lediglich zu düsteren Prognosen? An dieser Stelle setzt die Reflexion individual- und personalethischer Aspekte ein. Sie berühren vor allem Fragen wie diese: Wie definieren wir uns selbst unter den veränderten Bedingungen? Wie gehen wir mit Grenzen um? Was verleiht unserem Leben (neuen) Sinn? Wie kann das soziale Umfeld angemessen reagieren und kommunizieren? Kann Leben trotz Demenz gelingen?

1.1 Gelingendes Leben im Alter

Der Heidelberger Gerontologe Andreas Kruse schlägt in seinem «ethischen Entwurf zum gelingenden Leben im Alter»[5] fünf Kategorien vor:[6]

- Selbstständigkeit
- Selbstverantwortung
- Bewusst angenommene Abhängigkeit
- Mitverantwortung
- Selbstaktualisierung

Unter *Selbstständigkeit* versteht Andreas Kruse dabei die Fähigkeit, ein möglichst unabhängiges Leben zu führen – mit oder ohne Inanspruchnahme von Hilfen. *Selbstverantwortung* umfasst die Gestaltung des Lebens nach den jeweils persönlichen Vorstellungen sowie die reflektierte Auseinandersetzung

---

methodische und praktische Aspekte: Coors / Kumlehn (Anm. 3), 127–150; Manuela Weidekamp-Maicher, Lebensqualität und Alter(n): Anne van Riessen (Hg.), Sozialer Raum und Alter(n). Zugänge, Verläufe und Übergänge sozialräumlicher Handlungsforschung, Wiesbaden 2015, 53–77.

5 Andreas Kruse, Menschenbild und Menschenwürde als grundlegende Kategorien der Lebensqualität demenzkranker Menschen: Andreas Kruse (Hg.), Lebensqualität bei Demenz? Zum gesellschaftlichen Umgang mit einer Grenzsituation im Alter, Heidelberg 2010, 2–26 (13).

6 Vgl. a. a. O., 13.

mit der eigenen Person und der aktuellen Lebenssituation. *Bewusst angenommene Abhängigkeit* meint die Einsicht, dass menschliches Leben per se verletzlich und insofern in unterschiedlichem Masse auf Unterstützung durch andere Menschen angewiesen ist. *Mitverantwortung* beschreibt das Leben im Kontext einer konkreten Gemeinschaft sowie die Fähigkeit und Bereitschaft, sich für die in ihr lebenden Menschen zu interessieren und sich gemeinsam mit ihnen zu engagieren. *Selbstaktualisierung* bringt die Möglichkeit der Verwirklichung persönlicher Vorstellungen, Werte und Bedürfnisse zum Ausdruck, die dazu führt, dass das eigene Leben in der jeweils konkreten Situation als stimmig erlebt werden kann. Dies kann durch sehr unterschiedliche Aspekte erfolgen. Andreas Kruse differenziert hier zwischen körperlichen, kognitiven, emotionalen, empfindungs-bezogenen, sozial-kommunikativen, ästhetischen und alltagspraktischen Qualitäten und betont, dass jede Qualität für sich allein eine Quelle der Selbstaktualisierung bilden könne.[7]

Während die genannten fünf Kategorien in allen Lebensphasen von Bedeutung sind, kommt im Alter angesichts der zunehmenden Erfahrung von Endlichkeit und Endgültigkeit häufig das Bedürfnis hinzu, einen über das eigenen Leben hinausgehenden Beitrag zu leisten. Andreas Kruse beschreibt dies in Anknüpfung an Erik H. Erikson und Dan P. McAdams als *Generativität* und *Integrität*. Während Generativität darauf zielt, das eigene Leben im familiären oder gesellschaftlichen Kontext quasi fortzusetzen, beschreibt Integrität die Fähigkeit, gelebtes wie ungelebtes Leben zu akzeptieren und das eigene Leben trotz möglicher Brüche und unvollendeter Komponenten als stimmig zu empfinden.[8] Eine wichtige Voraussetzung hierfür ist ein angemessener Umgang mit Grenzsituationen, der häufig erst mühsam erlernt werden muss und insbesondere eine intensive Auseinandersetzung mit der eigenen Sterblichkeit beinhaltet.

Für die Bestimmung von Lebensqualität unter den Bedingungen von Demenz bietet das von Andreas Kruse vorgeschlagene Konzept des gelingenden Lebens im Alter eine gute Grundlage, die vor allem deutlich macht, dass eine intensive Reflexion des Menschenbildes unerlässlich ist. Zugleich hat Andreas Kruse stets im Blick, dass die Bedürfnisse der Betroffenen in den unterschiedlichen Stadien der Demenz sehr differenziert betrachtet werden müssen und daher die oben genannten Kategorien im Verlaufe der Erkrankung in

---

7 Vgl. a. a. O., 14.

8 Vgl. a. a. O., 8f.

unterschiedlicher Intensität realisiert werden können. Insbesondere aus theologischer Perspektive muss betont werden, dass Menschsein niemals allein auf kognitiven Fähigkeiten beruhen kann, sondern ein ganzheitlicher Ansatz notwendig ist. Hier dürfen vor allem emotionale Aspekte nicht zu kurz kommen, denn diese bleiben auch in den fortgeschrittenen Stadien der Demenz vorhanden, wenn verbale Kommunikation nicht mehr möglich ist.

1.2 Heidelberger Instrument zur Erfassung der Lebensqualität demenzkranker Menschen (H. I. L. D. E.)

Um ein Instrumentarium zu haben, eben jene Lebensqualität unter den Bedingungen von Demenz zu ermitteln und schliesslich gezielt fördern zu können, wurde am Heidelberger Institut für Gerontologie unter Leitung von Andreas Kruse im Rahmen eines mehrjährigen Forschungsprojektes das Heidelberger Instrument zur Erfassung der Lebensqualität demenzkranker Menschen (H. I. L. D. E.) entwickelt.[9] Methodisch arbeitet es mit qualitativen und quantitativen Erhebungen aus der Perspektive von Betroffenen, Angehörigen und professionellen Pflegekräften, die für die verschiedenen Phasen der Demenz unterschiedlich gestaltet werden. Die Praxistauglichkeit des Instruments wurde in Pflegeeinrichtungen vor Ort erprobt. Die Basis der Analyse bildet ein multidimensionales Verständnis und eine bereichs-spezifische Erfassung von Lebensqualität, die sich in die Aspekte Verhaltenskompetenz (z. B. kognitive und funktionelle Fähigkeiten), objektive Umwelt (z. B. Pflegende, Lebenssituation), psychologisches Wohlbefinden und erlebte Lebensqualität (emotionale Befindlichkeit, z. B. durch Analyse von Mimik und Gestik) untergliedert. Im Zentrum des Instruments steht die Wahrnehmung von Gefühlen und Befindlichkeiten, die im fortgeschrittenen Stadium der Demenz häufig nur noch non-verbal durch Mimik, Gestik und Körperhaltung kommuniziert werden können. Die Analyse dieser nonverbalen Kommunikation hat ergeben, dass die Artikulation von individuellen Bedürfnissen auch bei Menschen mit fortgeschrittener Demenz möglich ist. Daher können auch Aussagen über ihre aktuell wahrgenommene Lebensqualität getroffen werden. Das Wissen um die emotionale Befindlichkeit kann somit zur Steigerung der Lebensqualität von Menschen mit Demenz genutzt werden, indem gezielt

---

9 Vgl. Stefanie Becker / Roman Kaspar / Andreas Kruse, Heidelberger Instrument zur Erfassung der Lebensqualität demenzkranker Menschen (H. I. L. D. E.) – das Instrument in seinen konzeptionellen Grundlagen und in seiner praktischen Anwendung: Kruse (Anm. 5), 137–156.

emotional positiv besetzte Situationen hergestellt bzw. emotional negativ besetzte Situationen vermieden werden können. Darüber hinaus kann H. I. L. D. E. eine Sensibilisierung des Pflegepersonals für die interindividuellen Unterschiede im Erleben von Situationen leisten und somit auch die Reflexion darüber anregen, inwiefern das pflegerische Handeln emotionale Befindlichkeiten von Menschen mit Demenz beeinflussen kann.

1.3 Fazit: Lebensqualität unter den Bedingungen von Demenz neu deuten

Aus individual- und personalethischer Perspektive lässt sich als Fazit festhalten: Demenz bedeutet keinen Verlust von Individualität, sondern drückt Individualität anders aus. Demenz bedeutet nicht zwangsweise einen Verlust von Lebensqualität, sondern macht eine differenzierte Wahrnehmung der Lebenssituation und eine angepasste Kommunikation unter veränderten Bedingungen nötig. Sehr anschaulich wird dies in folgendem Zitat von Arno Geiger, der in seinem Buch «Der alte König in seinem Exil» die Demenzerkrankung seines Vaters literarisch reflektiert: «Und ich habe auch gelernt, dass man für das Leben eines an Demenz erkrankten Menschen neue Massstäbe braucht. […] Da mein Vater nicht mehr über die Brücke in meine Welt gelangen kann, muss ich hinüber zu ihm. Dort drüben, innerhalb der Grenzen seiner geistigen Verfassung, jenseits unserer auf Sachlichkeit und Zielstrebigkeit ausgelegten Gesellschaft, ist er noch immer ein beachtlicher Mensch, und wenn auch nach allgemeinen Massstäben nicht immer ganz vernünftig, so doch irgendwie brillant.»[10] Vor diesem Hintergrund ergibt sich eine enge Verknüpfung von Lebensqualität und der Frage, wie es gelingen kann, das Leben unter den veränderten Bedingungen von Demenz annehmen und auf neue Weise sinnstiftend gestalten zu können.[11]

2. *Lebensqualität unter den Bedingungen von Alter und Demenz aus sozial- und technik-ethischer Perspektive*

Auch gesamtgesellschaftlich ist die zunehmende Zahl der Demenzerkrankungen angesichts der aktuellen demographischen Entwicklungen eine grosse Herausforderung. Die Fragen, wie die in den nächsten Jahren immer weiter steigende Zahl von Menschen mit Demenz angemessen versorgt werden kann, wie das Gesundheitswesen die damit verbundene Kostensteigerung

—

10 Arno Geiger, Der alte König in seinem Exil, München 2011, 11.

11 Vgl. Thomas Rentsch, Altern und Lebenssinn: Coors / Kumlehn (Anm. 3), 27–36.

trotz sinkender Beitragseinnahmen verkraften kann, sind bisher ungelöste politische Probleme. Hinzu kommen der Mangel an gut ausgebildeten und angemessen bezahlten Pflegekräften und die immer seltener mögliche Versorgung innerhalb familiärer Netzwerke vor Ort. Somit ist die Frage, wie Lebensqualität im Alter erhalten und gefördert werden kann, angesichts der skizzierten Hintergründe Gegenstand intensiver politischer Bemühungen, die sich auch in der Förderung zahlreicher interdisziplinärer Forschungsprojekte niederschlagen.

2.1 Steigerung von Lebensqualität durch technische Assistenz?

Ein möglicher Lösungsansatz wird im Einsatz technischer Assistenzsysteme gesehen.[12] Diese können entweder im Wohnumfeld der betroffenen Personen und ihrer Angehörigen eingesetzt werden, so beispielsweise Massnahmen zur Sturzprophylaxe, Erinnerungshilfen für einen geregelten Tagesablauf oder Hausnotrufsysteme, oder werden direkt am Körper getragen. Dies ist z. B. bei Ortungssystemen der Fall, die in Notsituationen aufgrund akuter Desorientierung Alarm schlagen. Daher werden seit einigen Jahren fieberhaft die Produktentwicklung vorangetrieben und grosse Geldsummen in die Erforschung und Erprobung neuer Techniken investiert, um diese möglichst schnell marktfähig und für die Betroffenen zugänglich zu machen. Damit verbindet sich die Hoffnung, trotz schwieriger gesamtgesellschaftlicher Umstände eine Steigerung von Lebensqualität für die von Demenz Betroffenen und ihre Angehörigen zu erreichen: Die sogenannten altersgerechten Assistenzsysteme sollen den Lebenskomfort steigern und ggf. Defizite kompensieren; die Selbstbestimmung unterstützen und die Sicherheit im Alltag erhöhen. Sie sollen ein längeres Leben im häuslichen Umfeld ermöglichen und Angehörige in der Pflege und Kommunikation entlasten. Schliesslich sollen sie auch die Möglichkeiten zur Teilhabe in der Gesellschaft vergrössern und nicht zuletzt den bereits vorhandenen Fachkräftemangel in der Pflege kompensieren.

Allerdings verbinden sich mit den altersgerechten Assistenzsystemen nicht selten auch potentielle Schwierigkeiten, die es vor allem auch von ethischer Seite zu reflektieren gilt: Eine grosse Hürde kann zum einen in der komplizierten Bedienbarkeit oder aber in der technisch oder menschlich bedingten Fehleranfälligkeit bestehen. Darüber hinaus können manche Technik-

---

12 Vgl. Arne Manzeschke, Lebensqualität und Technik. Ethische Perspektiven auf einen biopolitischen Diskurs: Coors / Kumlehn (Anm. 3), 97–111.

einsätze die körperliche Integrität verletzen sowie unerwünschte Kontroll- und Überwachungsfunktionen ausüben. Nicht unerheblich wiegt zudem die Frage, wer den Technikeinsatz bezahlt – sollte es hier zu einer Erweiterung des Leistungsumfangs von Kranken-, Pflege- und Rentenkassen kommen oder müssen Privatpersonen selbst oder aber andere Sozialleistungsträger die Finanzierung übernehmen? In beiden Fällen könnte sich der Technikeinsatz als zu teuer erweisen. Schliesslich ist darauf hinzuweisen, dass Techniksysteme menschliche Nähe nicht ersetzen, sondern bestenfalls unterstützen können.

Vor diesem Hintergrund lassen sich zahlreiche offene Fragen in Bezug auf altersgerechte Assistenzsysteme und deren Einsatz insbesondere unter den Bedingungen von Demenz formulieren: Wer entscheidet über den Einsatz von Technik? Wie kann und soll die Reichweite begrenzt werden? Wer finanziert den Einsatz von Technik? Welche Konsequenzen ergeben sich im Sinne einer Technikfolgenabschätzung für zukünftige Generationen? Wie werden Altersbilder durch den Einsatz von Technik beeinflusst? Ist durch den Einsatz von technischen Assistenzsystemen eine Steigerung oder eine Verminderung von Lebensqualität zu erwarten?

2.2 Forschungsprojekt Quartrback – Intelligente Notfallkette für Menschen mit Demenz

Exemplarisch wird im Folgenden das aktuelle Forschungsprojekt Quartrback skizziert, das am Institut für Technikfolgenabschätzung (ITAS) des Karlsruher Instituts für Technologie (KIT) durchgeführt wird.[13] Ziel des Projektes ist es, ehrenamtliches Engagement mit Technologie zu verbinden, um Menschen mit Demenz soziale Teilhabe und gesundheitsfördernde Bewegung im Quartier zu ermöglichen. Im Rahmen des Projektes werden neu zu entwickelnde, aber auch bereits vorhandene Technologien für Ortung, Monitoring, Zugangskontrolle und Information für den Einsatz bei Menschen mit Demenz in einem konkreten Quartier unter Einbeziehung von Angehörigen, Pflegepersonal und freiwilligen Helfenden erforscht. Dabei sollen Kriterien für Prototypen- und Feldtests sowie eine Ethik-Leitlinie für das System erarbeitet werden. Ausserdem sollen Empfehlungen für politische Entscheidungsträger, Dienstleister sowie für Entwickler und Anbieter gegeben werden.

---

13 Nähere Informationen über das Projekt online abrufbar unter: https://www.kit.edu/downloads/pi/KIT_PI_2015_094_Intelligente_Notfallkette_fuer_Menschen_mit_Demenz.pdf (29.02.2016). Die Verfasserin ist Mitglied im Expertenbeirat des Quartrback-Projektes.

Im Zentrum des Konzeptes steht das sogenannte ServiceCenterPflege (SCP), in dem geschultes ehrenamtliches oder professionelles Personal mit Hilfe einer speziell zu entwickelnden Software auf Notfallsituationen reagieren und konkrete Handlungsoptionen in Gang setzen kann. Hierfür werden die am Projekt teilnehmenden Menschen mit Demenz mit individuellen Trackingsystemen ausgestattet. Diese orten ihre jeweilige Position und stellen fest, ob sich die betroffene Person in einer Notsituation befindet, auf die sie entweder in frühen Stadien der Demenz per Notfallknopf noch selbst hinweisen kann oder die in späteren Krankheitsstadien beispielsweise durch den Abgleich typischer Bewegungsprofile oder die Auswertung auffälliger Vitaldaten ermittelt wird. Zur konkreten Hilfeleistung steht ein Netz von ehrenamtlichen und professionellen Helferinnen und Helfern zur Verfügung, die ebenfalls mit Ortungssystemen ausgestattet sind und in akuten Notsituationen durch das SCP benachrichtigt werden und somit direkt vor Ort schnelle Hilfe leisten können.

Ziel des Projektes ist es, dass Menschen mit Demenz möglichst lange in ihrem vertrauten Sozialraum verbleiben können und ihnen dabei möglichst viel Sicherheit gegeben wird, damit sie sich trotz zunehmender Desorientierung möglichst selbstbestimmt und selbstständig bewegen können. Dies entspricht auch dem häufig mit Demenz verbundenem Bewegungsdrang und dem Bedürfnis, biographisch bedeutsame Orte wie z. B. das Elternhaus immer wieder aufsuchen zu wollen, was jedoch durch den verstärkten Verlust des Orientierungssinns häufig zu Misserfolgen und somit zu Gefühlen von Scham und Angst und schliesslich zum Rückzug und zur sozialen Isolation führen kann. In zentraler Weise wird deshalb im Qartrback-Projekt auf nachbarschaftliche Strukturen und ehrenamtliches Engagement zugegriffen, die vor allem eine Teilhabe an der Gemeinschaft und die Verwirklichung eines individuellen Lebensstils auch unter den Bedingungen von Demenz ermöglichen sollen. Somit verdeutlicht das Projekt, dass Demenz keineswegs ein rein individuelles oder familiäres Problem ist, sondern eine Herausforderung darstellt, die nur im grösseren Kontext des Wohnquartiers gelöst werden kann, das sich im Idealfall als sorgende Gemeinschaft versteht und für die besonderen Bedürfnisse von Menschen mit Demenz sensibilisiert ist.

2.3 Fazit: Lebensqualität unter den Bedingungen von Demenz neu verorten

Aus sozial- und technik-ethischer Perspektive lässt sich als Fazit festhalten: Altern ist als Balanceakt zwischen Individuum, sozialem Umfeld und Gesellschaft zu verstehen. Technische Unterstützung kann dabei einen Beitrag leisten, aktuelle und zukünftige Herausforderungen zu meistern und die Lebensqualität zu erhalten oder zu steigern, muss aber aus ethischer Perspektive stets im Spannungsfeld von «Fortschritt und Würde»[14] reflektiert werden. Dabei gilt es, zwischen zentralen Kategorien wie Anerkennung und Ausgrenzung, Freiheit und Begrenztheit, Selbstbestimmung und Fürsorge, Teilhabe und Teilgabe eine angemessene Balance auszuloten. Festzuhalten bleibt auch, dass die Sorge für Menschen mit Demenz und die Sicherung ihrer Lebensqualität eine öffentliche Aufgabe ist, die nur im Zusammenspiel von politischen Entscheidungen und zivilgesellschaftlichem Engagement vor Ort gelöst werden kann. Als Ziel ist hier die Etablierung sorgender Gemeinschaften und funktionierender Nachbarschaftssysteme sowohl in städtischen Gebieten als auch im ländlichen Raum im Blick, die versuchen, eine umsichtige Fürsorge zu praktizieren, die Selbstbestimmung ermöglicht und Lebensqualität sichert.[15] Nur so lässt sich gewährleisten, dass Menschen auch im physischen Sinne zuhause bleiben können.

II. Lebensqualität unter den Bedingungen von Demenz weitergedacht

So vielschichtig die Diskussion um eine möglichst objektivierbare Definition von Lebensqualität auch sein mag, erweisen sich doch alle Versuche der Messbarkeit insbesondere aus theologischer Perspektive als defizitär und bedürfen einer qualitativen Ergänzung.[16] Damit ist gemeint, dass Massstäbe entwickelt werden müssen, die neue Deutungshorizonte auf das Phänomen der Demenz eröffnen und es so ermöglichen, Lebensqualität unter den Bedingungen von Demenz jenseits von Objektivierungen und Skalierungen zu definie-

---

14 Paul B. Baltes, Alter(n) als Balanceakt: Im Schnittpunkt von Fortschritt und Würde: Peter Gruss (Hg.), Die Zukunft des Alterns. Die Antwort der Wissenschaft. Ein Report der Max-Planck-Stiftung, München 2007, 15–34.

15 Vgl. zum sozialräumlichen Ansatz auch van Riessen (Anm. 4); Harald Rüssler u. a., Lebensqualität im Wohnquartier. Ein Beitrag zur Gestaltung alternder Stadtgesellschaften, Stuttgart 2015.

16 Vgl. Martina Kumlehn, Lebensqualität imaginieren. Deutungen der Demenz in Literatur und Religion als Anregung von Perspektivwechseln in der Begleitung und Pflege: Coors / Kumlehn (Anm. 3), 165–182 (167).

ren. Es geht darum, Ideen zu entwickeln, das Phänomen der Demenz angemessen zu deuten, sofern dies überhaupt für Aussenstehende möglich ist.[17] Im weiteren Sinne ist dabei auch im Blick, eine Sensibilisierung für destruktive Altersbilder vorzunehmen und stattdessen konstruktive Altersbilder zu etablieren. Aus diesem Grunde wird es im Folgenden darum gehen, eine inhaltliche Kategorie zu finden, mit der sich Lebensqualität unter den Bedingungen von Demenz bestimmen lässt. Dabei ist es mir wichtig, eine Anknüpfungsfähigkeit auch über den theologischen Sprachgebrauch hinaus zu erreichen und insofern die interdisziplinäre Diskussion über ein gelingendes Leben im Alter zu bereichern.

1. *Lebensqualität bei Demenz zwischen «Fremd sein» und «Zuhause sein»*

Vor diesem Hintergrund erscheint es mir lohnenswert, das Spannungsfeld von «Fremd sein» und «Zuhause sein» näher zu beleuchten: Häufig äussern Menschen mit Demenz den Wunsch, nach Hause zu gehen, und zwar nicht nur nach einem Umzug ins Pflegeheim, sondern auch dann, wenn sie in ihrer gewohnten Wohnumgebung verbleiben, diese aber nicht mehr als ihnen vertraut erkennen. Nicht selten führt die Formulierung dieses Wunsches zu Kontroversen mit Angehörigen, die mit rationalen Argumenten versuchen, Überzeugungsarbeit zu leisten, dass die Wohnung doch unverändert geblieben sei. Für die Betroffenen erzeugt eine solche Reaktion häufig Unverständnis, Angst oder sogar Aggression, da sie sich einerseits im Recht, zugleich aber unverstanden fühlen und irritiert von der Differenz der Wahrnehmungen sind. Das Konfliktpotenzial in dieser Situation lässt sich auf verschiedenen Ebenen verorten: Zunächst liegt es im kommunikativen Bereich und beruht darauf, dass eine zuvor gemeinsam etablierte Sinnfunktion unter den Bedingungen der Demenz offensichtlich nicht mehr als solche greift.[18] Hier kann es helfen, seitens der Angehörigen neue Möglichkeitsräume der Kommunikation zu eröffnen, indem versucht wird, auf die veränderten Normvorstellungen der Betroffenen einzugehen, anstatt diese korrigieren zu wollen.[19] Darüber hinaus scheint aber vor allem die emotionale Ebene angesprochen zu sein: Das Gefühl des Nicht-mehr-Zuhause-Seins ruft offensichtlich eine ausgeprägte

---

17 «Demenz drängt in die Deutung, obwohl oder gerade weil Deutung hier in gewisser Weise an ihr Ende kommt.» Es geht darum «Unsagbares sagbar, Unsichtbares sichtbar machen», A. a. O., 168.

18 Vgl. Wolfgang Sucharowski, Demenz und das Scheitern der Kommunikation im Alltag: Coors / Kumlehn (Anm. 3), 201–218 (215).

19 A. a. O., 216.

emotionale Reaktion hervor, da es ein Grundbedürfnis des Menschen berührt: die Sehnsucht nach Heimat verbunden mit Wärme, Nähe und Geborgenheit. In diesem Sinne ist es auch und gerade von theologischer Relevanz und macht deutlich, inwiefern praktische Fragen des Betroffenseins von Demenz grundlegende ethische Aspekte des Menschseins betreffen und insofern eine theoretische Reflexion unumgänglich machen.

Im Folgenden wird es darum gehen, die Kategorie des Fremdseins und Zuhauseseins in ihrem Facettenreichtum zu analysieren. Im Zentrum stehen dabei die philosophischen Überlegungen von Bernhard Waldenfels zu einer «Phänomenologie des Fremden».[20] Darüber hinaus werden auch Aspekte einer literarischen Verarbeitung aufgenommen, die von Menschen mit Demenz selbst oder ihnen nahestehenden Personen verfasst wurden. Schliesslich werden einige Praxisbeispiele von Fremdheitserfahrungen in Vergangenheit und Gegenwart aufgezeigt.

1.1 Suche nach dem inneren Zuhause

Die Grundfrage, die sich viele Menschen angesichts der Diagnose Demenz stellen, lässt sich mit Richard Taylor folgendermassen auf den Punkt bringen: «Werde ich zu einem Fremden, völlig anders als all die anderen Menschen um mich herum, weil ich Alzheimer habe?»[21] Was hierin mitschwingt ist die Angst vor dem Selbstverlust oder – bildlicher ausgedrückt – vor dem Verlust des inneren Zuhauses. Das Gefühl, sich immer mehr von der Umwelt und den Mitmenschen zu entfremden oder gar bei sich selbst nicht mehr zuhause zu sein, teilen viele Menschen mit Demenz – und auch deren Angehörige. So ist die Frage, wer sich verändert und die Welt anders wahrnimmt, oft Gegenstand von alltäglichen Auseinandersetzungen zwischen Betroffenen und ihrem Umfeld, insbesondere zu Beginn des Lebens mit Demenz. Auch hier erscheint die Wahrnehmung eines Betroffenen aufschlussreich: «Sehr befremdlich, wie meine Welt immer fremder, seltsamer wurde, während ich mich noch immer als derselbe Mensch, als Richard fühlte.»[22] Insbesondere in

—

20 Vgl. ausführlich dazu: Bernhard Waldenfels, Der Stachel des Fremden, Frankfurt a. M. 1990, ³1998; ders., Studien zur Phänomenologie des Fremden, Bd. 1: Topographie des Fremden, Frankfurt a. M. 1997; Bd. 2: Grenzen der Normalisierung, Frankfurt a. M. 1998; Bd. 3: Sinnesschwellen, Frankfurt a. M. 1999.

21 Peter Wissmann / Michael Ganss, Editorial: demenz. Das Magazin, Heft 19: Fremd sein, 2013, 1.

22 Richard Taylor, Doktor Alzheimer und ich: demenz. Das Magazin, Heft 19: Fremd sein, 2013, 10–11 (10).

den frühen Stadien der Demenz kommt häufig angesichts der aktuell wahrgenommenen Veränderungen eine Zukunftsangst hinzu, sich selbst immer fremder zu werden und das innere Zuhause immer weiter zu verlieren: «Ich hatte Angst vor mir selbst, vor demjenigen, der ich im Begriff zu werden war und davor, wie ich wohl enden würde.»[23] Wie umgreifend diese Angst sein kann, belegt folgende Aussage: «Meine immer wiederkehrende Furcht war, dass ich eines Tages aufwachen und mich grundlegend von demjenigen entfernt haben würde, der am Abend eingeschlafen war. Ich hatte Angst davor, mich selbst nicht mehr zu kennen und davor, dass andere mich nicht kennen würden.»[24]

1.2 Suche nach neuen Kommunikationsmöglichkeiten

Das Leben mit Demenz ist also stets ein Zustand der Suche – für die Betroffenen nach einem (neuen) inneren Zuhause, für die Angehörigen vor allem nach Kommunikationsmöglichkeiten, die helfen, Menschen mit Demenz in ihrer neuen Lebenssituation ernst zu nehmen und in ihrer Suchbewegung zu unterstützen. Wie schwierig sich dieser Suchprozess im Alltag gestaltet, verdeutlicht die Erfahrung vieler Angehöriger: «Man kann offensichtlich kein festes Schema erfinden für wirkungsvolle Strategien bei Fremdheitsgefühlen und Ängsten, sondern muss fantasievoll immer wieder etwas ausprobieren, was dann vielleicht hilft.»[25] Insofern kann ein vielversprechender Ansatz zur Steigerung von Lebensqualität unter den Bedingungen von Demenz genau darin liegen, sich auf den Prozess einzulassen, gemeinsam das Gefühl der Fremdheit zugunsten neuer Selbstwert- und Heimatgefühle zu überwinden. Auch dies kann vermutlich niemand besser als eine Betroffene selbst in Worte fassen: «Ein Leben mit Demenz ist ein Leben mit einem Fremden, den man anfängt zu lieben!»[26]

2. *Fremdheitserfahrungen in Geschichte und Gegenwart*

Das Gefühl des Fremdseins erleben nicht nur Menschen mit Demenz und ihre Angehörigen, sondern in ihm spiegelt sich eine zutiefst menschliche Erfah-

---

23 A. a. O., 11.

24 Ebd.

25 Else Natalie Warns, Bedrohlich fremd!: demenz. Das Magazin, Heft 19: Fremd sein, 2013, 26–28 (27).

26 Helga Rohra, Es geht um dich – Demenzbetroffene in eigener Sache: demenz. Das Magazin, Heft 19: Fremd sein, 2013, 19.

rung wider. Bereits in der Hebräischen Bibel sind diese Fremdheitserfahrungen breit bezeugt, beispielsweise in der Josefsnovelle (Gen 37–50) oder im Buch Ruth. Ein zentraler Topos sind zudem die Exilserfahrungen des Volkes Israel, die zahlreiche rechtliche und ethische Vorschriften zum Schutz von Fremdlingen hervorgebracht haben.[27] Dabei ist entscheidend, «dass ‹Exil› kein einfaches historisches Faktum beschreibt, sondern, dass mit diesem Begriff immer zugleich Aussagen bezüglich Identität, Heimatverbundenheit und Dazugehörigkeit gemacht werden»[28]. Nicht zuletzt deshalb sind Fremdsein und Exil Metaphern, die in theologischen Überlegungen[29] und literarischen Verarbeitungen[30] auf Menschen mit Demenz angewendet werden, zumal diese selbst oder ihre Angehörigen ihre Situation nicht selten als Exilserfahrung beschreiben. Wie Andrea Fröchtling auf der empirischen Basis von Interviews belegt, spielen dabei Gefühle von Heimatvertriebenheit und Ortlosigkeit, bedrohliche Fremdheitserfahrungen, Abbrüche vorheriger Lebensbezüge und die Annahme von Gottverlassenheit oder Strafe eine zentrale Rolle.[31] Auch im Neuen Testament sind Fremdheitserfahrungen von existentieller Bedeutung für die ersten christlichen Gemeinden, wie insbesondere der Hebräer- sowie der Erste Petrusbrief belegen.[32]

Aktuell verbindet sich die Debatte um Fremdheit vor allem mit den Fragen von Zuwanderung und die Aufnahme und Integration von Flüchtlingen aus Kriegs- und Krisengebieten in bestehende vermeintlich stabilere Gesellschaften. Nicht selten sind Vertreibungs- und Fluchterfahrungen auch Lebenserfahrungen, die Menschen, die heute von Demenz betroffen sind, in der Vergangenheit erlitten haben und die ihre Biographie in einschneidender Weise prägen. Insofern sind ihnen Fremdheitserfahrungen keineswegs fremd. Während es damals jedoch äussere Umstände waren, die zur Entfremdung führ-

---

27 Vgl. Silvia Schroer / Thomas Staubli, Menschenbilder der Bibel, Ostfildern 2014, 367–373.

28 Andrea Fröchtling, «Und dann habe ich auch noch den Kopf verloren …». Menschen mit Demenz in Theologie, Seelsorge und Gottesdienst wahrnehmen, Leipzig 2008, 205.

29 Vgl. z. B. Fröchtling (Anm. 28).

30 Vgl. Geiger (Anm. 10).

31 Vgl. Fröchtling (Anm. 28), 209f.

32 Vgl. Hans-Ulrich-Dallmann, Das Recht verschieden zu sein: eine sozialethische Studie zu Inklusion und Exklusion im Kontext von Migration, Gütersloh 2002, 517–534.

ten, bedingt die Demenz für die Betroffenen möglicherweise eine neue Dimension der inneren Auseinandersetzung mit Fremdheitserfahrungen, die sicher nicht weniger existentiell sind als das in der Vergangenheit Erlebte.

2.1 Philosophische Impulse einer Phänomenologie des Fremden

Neben diesen konkreten historischen und aktuellen Erfahrungshorizonten ist auch die grundlegende anthropologische Dimension des Fremdseins in den Blick zu nehmen, die sich nicht nur auf Menschen mit Demenz, sondern auf alle Menschen bezieht. Im Bereich der Philosophie hat sich insbesondere Bernhard Waldenfels mit dem Phänomen des Fremden auseinandergesetzt. Ich möchte im Folgenden seine Überlegungen als Ausgangspunkt nutzen, um sie für eine Deutung von Demenz fruchtbar zu machen. Die Anknüpfung ergibt sich aus meiner Sicht durch die von Betroffenen formulierten Fremdheitserfahrungen, die eine Demenz auslösen kann und die sich auch in Bernhard Waldenfels' grundlegenden Überlegungen zum Thema Fremdheit widerspiegeln: «Nehmen wir das Fremde […] als etwas, das nicht dingfest zu machen ist, nehmen wir es als etwas, das uns heimsucht, indem es uns beunruhigt, verlockt, erschreckt, indem es unsere Erwartungen übersteigt und sich unserem Zugriff entzieht, so bedeutet dies, dass die Erfahrung des Fremden immer wieder auf unsere eigene Erfahrung zurückschlägt, und in ein *Fremdwerden der Erfahrung* übergeht. Fremdheit ist selbstbezüglich, und sie ist ansteckend. Ihre Wirkung geht jeder Thematisierung voraus.»[33]

Was also versteht Waldenfels unter Fremdheit? Zunächst unterscheidet er zwischen einer relativen und einer radikalen Form von Fremdheit. Relativ fremd können uns Dinge und Gegebenheiten sein, «die von dem Zustand unseres begrenzten Wissens und Könnens»[34] abhängen, so z. B. Fremdsprachen, die prinzipiell erlernt werden können, oder Personen, die uns durch Begegnung vertraut werden können. Radikale Fremdheit hingegen gehört «zur Sache selbst» und rührt «an die Wurzel der Dinge»[35]. Entscheidend ist, dass wir Fremderfahrungen, also Begegnungen mit dem «radikal Fremden», nicht ausweichen können. Sie geschehen, bevor wir sie durch Erkennen und Ver-

---

33 Bernhard Waldenfels, Grundmotive einer Phänomenologie des Fremden, Frankfurt a. M. 2006, 7f.

34 Bernhard Waldenfels, Das Fremde denken: Zeithistorische Forschungen / Studies in Contemporary History 4, 2007, 361–368 (361), online abrufbar unter: http://www.zeithistorische-forschungen.de/3–2007/id=4743 (29.02.2016).

35 A. a. O., 361.

stehen handhabbar machen und mit Zustimmung oder Ablehnung darauf reagieren können. Fremderfahrungen kommen unerwartet und unverhofft auf uns zu und durchbrechen dabei häufig unsere gewohnten alltäglichen Ordnungen. Sie entziehen sich unserem bewussten Zugriff und beschreiben «keinen nur vorübergehenden Zustand des Mangels»[36]. Sie übersteigen häufig unsere eigenen Möglichkeiten und lassen sich «nur auf paradoxe Weise fassen als gelebte Unmöglichkeit»[37]. Sie verweisen auf grundlegend asymmetrische Verhältnisse: «Ich sehe dich nie, wie du mich siehst, und nie dort, von wo aus du mich siehst; denn vom fremden Blick bin ich getroffen, bevor ich sehe, wer mich sieht.»[38] Dabei lassen sich verschiedene Dimensionen der Fremdheit unterscheiden: die «Fremdheit meiner selbst», die «Fremdheit des Anderen» und die «Fremdheit einer anderen Ordnung»[39], wobei diese durchaus einander durchdringen können, indem «Eigenes mit Fremdem durchsetzt»[40] ist und umgekehrt. Fremdheit umfasst alle Bereiche unseres Zusammenlebens; daher «lässt [sie] sich nur im Plural denken: Es gibt so viele Fremdheiten, wie es Ordnungen gibt»[41]. Fremdheit lässt sich dabei nur indirekt erfassen und erscheint häufig als Abweichung von der Norm oder als ein Überschuss des normal Erwartbaren, wie es beispielsweise in den Phänomenen der Gabe, des Geschenks oder der Vergebung, aber auch in Hass- und Gewalterfahrungen der Fall sein kann.[42]

2.2 Fremdheit unter den Bedingungen von Demenz – konzeptionelle Überlegungen

Die Konfrontation mit der Diagnose Demenz bedeutet für viele Betroffene und ihre Angehörigen einen Prozess der Fremdheitserfahrung im oben skizzierten Sinne. Sie ist häufig verbunden mit dem Gefühl, der Situation nicht ausweichen zu können, ihr regelrecht ausgeliefert zu sein. Insofern lässt sich die Fremdheitserfahrung der Demenz in Anknüpfung an Bernhard Waldenfels auffassen als «ein Grenzphänomen par excellence. Es kommt von anderswoher, selbst wenn es im eigenen Haus und in der eigenen Welt auftritt.»[43]

---

36 A. a. O., 363.
37 Ebd.
38 Ebd.
39 Ebd.
40 Ebd.
41 A. a. O., 364.
42 Vgl. ebd.
43 A. a. O., 15.

Im Falle der Demenz betrifft die Fremdheitserfahrung nicht nur das eigene Haus oder die eigene Welt, sondern den Kern der Person selbst. Die Frage, wer bin ich eigentlich (noch), wenn meine Gehirnfunktionen nachlassen, ich mich nicht mehr gut orientieren, angemessen artikulieren und meiner eigenen Gegenwart und Vergangenheit nur eingeschränkt erinnern kann, führen dabei viele Betroffene an den Rand der Verzweiflung. Sie fühlen sich in ihrem Personsein insbesondere angesichts der gesellschaftlich stark etablierten Werte von Rationalität und Selbstbestimmung grundlegend angetastet, vielleicht sogar in Frage gestellt. Gerade deshalb kann es hilfreich sein, mit der oben dargelegten Definition von Fremdheit eine anthropologische Relativierung vorzunehmen, die deutlich macht, dass auch ohne Demenz keine Sicherheit gegeben ist, über sich selbst völlig frei verfügen zu können: «Fremdheit lässt sich auf vielerlei Weise umschreiben, nicht zuletzt als ein Anfang, dessen wir nicht Herr sind. […] Fremdheit löscht all das, was in unserer neuzeitlichen Tradition ‹Subjekt› und ‹Rationalität› heisst, nicht aus, aber sie führt zu der Einsicht, dass niemand je völlig bei sich selbst und in seiner Welt zuhause ist.»[44]

Die damit implizierte Unverfügbarkeit des Fremden lässt die Radikalität der Fremdheit und die damit möglicherweise verbundene Leidenserfahrung noch einmal besonders deutlich werden: «Fremdes, das uns ausser uns selbst geraten und die Grenzen der jeweiligen Ordnung überschreiten lässt, kann nichts sein, was wir selbsttätig herbeiführen. Es ist nur zu denken als ein *Pathos*, das uns widerfährt. Die Ambivalenz, die in diesem Wort liegt und die das Leiden einschliesst, bewahrt uns vor einer harmlosen Deutung des Fremden.»[45]

Lässt sich das Fremde auch und gerade unter den Bedingungen von Demenz nicht verharmlosen, so bleibt die Frage, wie sich damit umgehen lässt. Zunächst lässt sich hier auf die Prozesshaftigkeit verweisen, die allein Eigenes und Fremdes angemessen zueinander ins Verhältnis setzen kann. Sie macht deutlich, dass es im täglichen Umgang mit Demenz keine scharfe Abgrenzung zwischen Schwarz und Weiss geben kann, sondern dass es vielmehr Graustufen sind, mit denen wir immer wieder neu umgehen müssen: «Der Gegensatz zwischen Eigenem und Fremden entspringt keiner blossen Abgrenzung, sondern einem Prozess der *Ein- und Ausgrenzung*. Ich bin dort, wo

—

44 A. a. O., 125f.

45 A. a. O., 131.

du nicht sein kannst und umgekehrt. Fremd ist ein Ort, wo ich nicht bin und sein kann und wo ich dennoch in Form dieser Unmöglichkeit bin.»[46]

Damit wird deutlich, dass auch bei einer Deutung von Demenz als Fremdheitserfahrung der Schlüssel einer weiterführenden Umgangsweise im kommunikativen Bereich liegt. Wie bereits oben skizziert, steht der Prozess des gemeinsamen Suchens nach adäquaten Umgangsmöglichkeiten mit der Fremdheit im Vordergrund. Es gilt, im Umgang mit Betroffenen immer wieder neu Antworten zu finden, die bei der jeweils konkreten Situation ansetzen, emotionale Befindlichkeiten berücksichtigen und auch auf Wahrnehmungen sensibel eingehen, die sich möglicherweise rational nicht verifizieren lassen. Bernhard Waldenfels schlägt in diesem Zusammenhang ein Antworten vor, das selbst «aus der Fremde kommt» und mehr ist «als ein sinnhaftes Verstehen, mehr als eine normengeleitete Verständigung»[47]: «Das Fremde als Fremdes erfordert eine responsive Form von Phänomenologie, die bei dem beginnt, was uns auf befremdende, erschreckende oder erstaunliche Weise herausfordert, herauslockt, herausruft und unsere eigenen Möglichkeiten in Frage stellt, bevor wir uns auf ein fragendes Wissen- und Verstehenwollen einlassen.»[48] Mitunter ist es hier gerade das Unerwartete, das kreative Möglichkeiten der Kommunikation freisetzt. Beispielsweise kann dies die unbefangene Freudenbekundung eines Kleinkindes sein, die das wiederholte Umherirren des Urgrossvaters im eigenen Haus mit den Worten «Isser wieder, isser wieder!»[49] kommentiert. So kann es gelingen, die Erfahrung der Fremdheit und Desorientierung des alten Mannes zugunsten eines Gefühls des Angenommenseins auf unbeabsichtigt humorvolle Weise zu überwinden.

Konstitutiv für den Suchprozess insgesamt ist, dass Menschen mit Demenz mit Menschen ohne Demenz in Kontakt und im Dialog bleiben. Denn nur dann kann gewährleistet werden, dass Fremdheitserfahrungen übersetzt werden und somit erinnerbar und zugleich zukunftsfähig sein können: «Das Vergessen beginnt jetzt und hier, die Fremdheit sucht uns heim inmitten der Gegenwart. Eben deshalb brauchen wir Zeugen und Zeugnisse, die es uns erlauben, mit fremden Augen zu sehen, mit fremden Ohren zu hören.»[50]

---

46 A. a. O., 114.

47 A. a. O., 131f.

48 A. a. O., 58.

49 Warns (Anm. 25), 27.

50 Waldenfels (Anm. 34), 365.

2.3 Dement und fremd – aktuelle Problemlagen

Lässt sich Demenz deuten als eine spezifische Fremdheitserfahrung inmitten vieler anderer Fremdheitserfahrungen, die für das Menschsein konstitutiv sind, so lassen sich im Folgenden exemplarisch einige aktuelle Praxisfelder aufzeigen, in denen das Fremdsein mit Demenz nicht nur innere, sondern auch äussere Ausprägungen erfährt und zugleich besondere Herausforderungen für den Kommunikationsprozess mit sich bringt.

Ein Beispiel hierfür ist die wachsende Zahl von Migrantinnen und Migranten, die in Deutschland alt werden. Derzeit sind es ca. 1,5 Millionen Menschen mit Migrationshintergrund, die über 65 Jahre alt sind, darunter mindestens 200 000 Türkinnen und Türken und 600 000 Spätaussiedler. 2030 könnte die Zahl auf ca. drei Millionen anwachsen, was bedeutet, dass jeder siebte Mensch über 65 Jahren Migrationshintergrund hat. Dabei gehen Fachleute davon aus, dass viele von ihnen aufgrund der prekären Lebenssituation und der harten körperlichen Arbeit in der Vergangenheit bei schlechterer medizinischer Versorgung früher als deutsche Gleichaltrige pflegebedürftig sind.[51] Obwohl es nur spärliches statistisches Material bezüglich dieser Zielgruppe gibt, lässt sich beobachten, dass die Symptome einer Demenzerkrankung oft früher auftreten und insbesondere zu einem schnellen Sprachverlust der später erlernten deutschen Zweitsprache führen. Als Konsequenz daraus ergibt sich, dass es häufig Schwierigkeiten bereitet, professionelle Hilfe im Bereich Medizin, Pflege und Sozialberatung anzunehmen, da muttersprachliche Angebote, die zudem den kulturellen Besonderheiten Rechnung tragen, in Deutschland nur unzureichend zur Verfügung stehen.[52] Hinzukommt, dass aus kulturellen Überzeugungen Demenz in manchen Fällen nicht als Krankheit akzeptiert wird und demzufolge ein zunehmender Rückzug aus der Öffentlichkeit erfolgt. Die Pflege findet so weitgehend wie möglich innerhalb der Familien statt; eine Öffnung für Aussenstehende wird häufig vermieden. Möglicherweise spielen mitunter auch religiöse Überzeugungen eine Rolle, die Demenz

---

51 Vgl. Martin Lindner, Oliven zum Frühstück: Die Zeit 30/2015, 23.07.2015, online abrufbar unter: http://www.zeit.de/2015/30/migranten-in-deutschland-altenpflege-altersvorsor-ge (29.02.2016).

52 Vgl. Ulrike Köppchen, Gekommen und geblieben: Deutschlandfunk, 06.02.2013; online unter: http://www.deutschlandfunk.de/gekommen-und-geblieben.724.de.html?dram:article_id=236641 (29.02.2016); Karen Grass, Die vergessenen Dementen: TAZ, 11.01.2012, online abrufbar unter: http://www.taz.de/!5103459/ (29.02.2016).

als Strafe Gottes verstehen und somit Schamgefühle auslösen, die ungern thematisiert werden.[53]

Demzufolge muss davon ausgegangen werden, dass die Lebensqualität von Menschen mit Demenz in der fremden Heimat Deutschland als geringer einzustufen ist als bei deutschen Betroffenen und sich somit die Suche nach Ansatzpunkten zur Überwindung der Fremdheitserfahrung aufgrund der kommunikativen Hürden als besonders schwierig gestaltet. Bislang gibt es in Deutschland zwar an einigen Orten Modellprojekte – z. B. eine türkische Demenz-WG mit Tagespflegeeinrichtung in Hamburg, ein russischsprachiges Wohnprojekt in Köln sowie einige kulturspezifische Pflegedienste in anderen Ballungszentren[54] – kaum aber eine flächendeckende Regelversorgung im Sinne einer «kultursensiblen Altenhilfe»[55], die auf die spezifische Versorgung und Betreuung von Migrantinnen und Migranten mit Demenz ausgerichtet ist. Dies führt dazu, dass deren besonderen Bedürfnisse häufig unberücksichtigt bleiben und die Zugezogenen von damals heute nicht selten «zum zweiten Mal zu Fremden»[56] werden. Auch im Bereich Interkulturalität und Ethik besteht hier weiterer Reflexionsbedarf, insbesondere auf dem Gebiet von Medizin und Pflege.[57]

Eine andere Form von Fremdheit wird mit der Entscheidung greifbar, die immer mehr Menschen in Deutschland für sich selbst oder ihre Angehörigen treffen: in ein Pflegeheim in ein anderes Land zu ziehen, z. B. die Schweiz, Polen oder Thailand. Die Gründe hierfür sind vielfältig. Während in der Schweiz besonders innovative Modellprojekte etabliert wurden, spricht für polnische Pflegeheime beispielsweise zunächst der ökonomische Gesichtspunkt – eine Komplettversorgung ist hier für 1000 bis 1500 Euro möglich.

—

53 Vgl. Bettina von Clausewitz, «Demenz ist keine Strafe Gottes», in: Migazin, 29.09.2015, online abrufbar unter: http://www.migazin.de/2015/09/29/demenz-ist-keine-strafe-gottes/ (29.02.2016).

54 Vgl. Lindner (Anm. 51).

55 Vgl. hierzu das «Memorandum kultursensible Altenhilfe», März [2]2009, online abrufbar unter: http://www.bagso.de/fileadmin/Aktuell/Themen/Pflege/memorandum2002.pdf (29.02.2016).

56 Lindner (Anm. 51).

57 Vgl. hierzu Michael Coors u. a., Interkulturalität und Ethik. Der Umgang mit Fremdheit in Medizin und Pflege, Göttingen 2014.

Ausserdem haben viele Betroffene bereits schlechte Erfahrungen mit deutschen Pflegeheimen, hingegen aber gute Erfahrungen mit häuslichen polnischen Pflegekräften gemacht.[58]

Anders ist es im Fall von Wohnprojekten, die seit einigen Jahren in Thailand realisiert werden: Hierher kommen häufig Menschen mit intensiven Reiseerfahrungen, die bereits vor ihrer Demenz konkrete Bezüge zu dem Land aufgebaut haben. Es handelt sich hier nicht um grosse stationäre Einrichtungen, sondern um die Unterbringung weniger Menschen mit Demenz in einem dörflichen Gemeinwesen, in dem sie rund um die Uhr von thailändischen Pflegekräften betreut werden, zugleich aber auch in die Gemeinschaft vor Ort einbezogen sind. Von besonderer Bedeutung ist hier das kulturell angelegte «Lebensfreudige, das Spontane, das Warmherzige der Menschen hier, aber auch das klimatisch Warme»[59]. Hinzu kommen die Selbstverständlichkeit körperlicher Zuwendung, z. B. in Form von Massage, und die Tatsache, dass Altersverwirrtheit mehr als Normalzustand und weniger als pathologische Diagnose verstanden wird. Diese Bedingungen vor Ort und die Tatsache, dass viele Angehörige den Kontakt zu den im Ausland gepflegten Personen häufig durch längere Auslandsaufenthalte und moderne Kommunikationstechnologie aufrecht erhalten, tragen nach den ersten Praxiserfahrungen dazu bei, dass «aus der Fremde eine neue Heimat werden»[60] kann. Vor diesem Hintergrund kann das Leben mit Demenz in der Fremde auch als positives Beispiel fungieren, die mit der Krankheit verbundenen inneren radikalen Fremdheitserfahrungen durch angenehme äussere Rahmenbedingungen zu überwinden oder wenigstens erträglicher zu machen.

Ein dritter Aspekt in der Reihe der Praxisbeispiele ist schliesslich der öffentlich viel beachtete Einsatz ausländischer Pflegekräfte, die vor allem aus Ost- und Südeuropa, aber auch aus Asien und Afrika mit finanziellen Anreizen angeworben werden. Ohne sie wäre bereits jetzt der Fachkräftemangel in den Pflegeeinrichtungen noch deutlicher spürbar und die Versorgung in privaten Haushalten nur schwer realisierbar. Auch zukünftig wird es ohne Unterstützung aus dem Ausland nicht möglich sein, offene und neu entstehende Stellen in Pflegeeinrichtungen durch deutsches Fachpersonal zu besetzen sowie die private Rund-um-die-Uhr-Versorgung durch ausgebildete oder

---

58 Vgl. Michael Ganss, Sehnsucht vielleicht!: demenz. Das Magazin, Heft 19: Fremd sein, 2013, 12–15 (13).

59 Peter Wissmann, Fremde Heimat: demenz. Das Magazin, Heft 19: Fremd sein, 2013, 23–25 (24).

60 A. a. O., 25.

angelernte Pflegekräfte sicherzustellen. Dabei bringen die ausländischen Pflegekräfte nicht nur fachliches Know-How, sondern auch andere kulturelle Einstellungen mit und erweitern somit die Bandbreite möglicher Umgangsformen mit Menschen mit Demenz im privaten und im professionellen Bereich: «Die Sichtweisen Pflegender anderer Kulturen können uns die Augen öffnen, dass es auch andere Werte und Haltungen gibt, wie man mit einem Menschen mit Demenz umgehen kann.»[61] Hier können mitunter auch ambivalente Erfahrungen gemacht werden: Neben der sehr persönlichen Zuwendung und wertschätzenden Betreuung mag es auch stärker paternalistisch geprägte Pflegeverständnisse geben, die von Betroffenen mitunter als autoritär und bevormundend empfunden werden können.[62] Auch diesbezüglich gilt es, einen offenen Umgang mit den unterschiedlichen Fremdheitserfahrungen zu praktizieren, die durch die Demenz, aber auch durch die interkulturellen Begegnungen ausgelöst werden können. Dies hat unweigerlich Prozesscharakter und unterliegt der Dynamik, die der oben skizzierten Suchbewegung nach kreativen, mitunter auch leid- oder humorvollen Kommunikationsmöglichkeiten eigen ist. Die Problematik möglicher sprachlicher Barrieren erfährt dabei aus der Sicht von Pflegekräften mit Migrationshintergrund unter den Bedingungen von Demenz in vielen Fällen eine eigentümliche Relativierung: «Es ist egal, welche Sprache man spricht. Wichtig ist, dass man Anteil nimmt.»[63]

III. Fazit: Lebensqualität bei Demenz – ein neues Zuhause in der Fremde

Was bedeutet Lebensqualität unter den Bedingungen von Demenz im weitergedachten Sinne? Folgt man den dargelegten konzeptionellen Überlegungen zu «Fremd sein» und «Zuhause sein» und deren Anwendung in den skizzierten Praxisbeispielen, so lässt sich als Fazit konstatieren: Ein wesentlicher Aspekt, dass Leben auch mit Demenz gelingen kann, besteht darin, die mit der Krankheit unvermeidlich verbundenen radikalen Fremdheitserfahrungen zu-

—

61 Michael Ganss / Peter Wissmann, Lückenbüsser oder Bereicherung?: demenz. Das Magazin, Heft 19: Fremd sein, 2013, 36–38 (36).

62 Vgl. Ganss (Anm. 58), 15; Ganss / Wissmann (Anm. 61), 38.

63 Gudrun Piechotta-Henze, Vertrautheit schaffen, Vertrauen schenken: demenz. Das Magazin, Heft 19: Fremd sein, 2013, 16–18 (16).

nächst als solche wahrzunehmen. Dies bedeutet, den Verlust des inneren Zuhauses in all seiner Radikalität, Intensität und Schmerzhaftigkeit ernst zu nehmen und unter Ausschöpfung aller kommunikativen Möglichkeiten zu thematisieren. In einem zweiten Schritt gilt es, Faktoren auszumachen, die die Fremdheitserfahrungen positiv beeinflussen. Dies können persönliche Beziehungen, kreative Kommunikationsformen und äussere Rahmenbedingungen oder eine Kombination aus allem sein, wobei dieser Prozess keinen allgemeingültigen Massstäben unterliegt, sondern im Sinne einer gemeinsamen Suchbewegung individuell und kontinuierlich neu gestaltet werden muss. Lebensqualität bedeutet dann, die veränderten Lebensbedingungen im Hier und Jetzt so annehmen zu können, dass ein Gefühl des Gehalten- und Getragen-Seins trotz und in der eigenen Fremdheit entsteht. Gelingt dies, wird der eingangs erwähnte Blick in den Spiegel für jene Demenzpatientin vielleicht erträglicher, die verrückte Welt etwas sortierter, der flüchtende Laufschritt langsamer und es entsteht das Gefühl: Zuhause ist heute – wenn auch anders als gewohnt und erwartet.

Martina Schmidhuber

Identitätsverlust bei Demenz?

I. Zur praktischen Relevanz der Identitätsfrage bei Demenz

Immer wieder wird in verschiedenen Kontexten konstatiert, dass Menschen mit Demenz ihre Identität verlieren. Diese Aussage findet man beispielsweise in Ratgebern für pflegende Angehörige:

> «Wir sind schon darauf eingegangen, dass mit dem Verlust der Lebenserinnerungen auch die Identität verloren geht. Die Erinnerungstherapie versucht, hier entgegenzusteuern.»[1]

Aber auch in juristischen Texten wird ein Verlust der Identität bei Demenz behauptet:

> «Die Entscheidungsfähigkeit ist in jedem Fall dann ausgeschlossen, wenn der Betroffene sich in seiner Umgebung nicht mehr orientieren kann, ihm das Gefühl nach Zeit und Ort fehlt und er seine Identität nicht mehr kennt.»[2]

Identität wird hier an Erinnerung geknüpft. Dass dies eine weit verbreitete und aus der klassischen Philosophie kommende Auffassung ist, wird unten noch erläutert. Dass darüber hinaus schnell vom Verlust der Identität gesprochen wird, ohne zu klären, was die Identität einer Person genau ausmacht, zeigen die beiden Beispiele auch sehr deutlich.

Tatsächlich stellt sich bei Menschen mit Alzheimer-Demenz berechtigterweise die Frage, ob sie ihre Identität verlieren. Die Erkrankung ist oft so gravierend, dass sowohl die primär Betroffenen, also die Menschen mit Demenz, als auch die sekundär Betroffenen, die (pflegenden) Angehörigen, oftmals fürchten, sie könnte zu einer Veränderung der Persönlichkeit führen. Dieser Befürchtung soll im folgenden Beitrag auf den Grund gegangen

---

1 Wolfgang Maier u. a., Alzheimer & Demenzen verstehen. Diagnose, Behandlung, Alltag, Betreuung, Stuttgart 2011, 110.

2 Dorothea Magnus, Sterbehilfe und Demenz: Neue Zeitschrift für Strafrecht 1 (33), 2013, 1–6 (2).

werden. Bereits im Zitat der Juristin wird deutlich, dass die Frage, ob Menschen mit Demenz ihre personale Identität verlieren, hohe praktische Relevanz hat. Denn wenn jemandem, der seine Identität nicht mehr kennt, die Entscheidungsfähigkeit abgesprochen wird, ist dies ein wesentlicher Eingriff in das Leben des Betroffenen. So plädieren in der Diskussion rund um die Entscheidungsfähigkeit bei Menschen mit Demenz einige Autoren dafür, ihm die Fähigkeit, seine Patientenverfügung zu widerrufen, aufgrund der Erkrankung abzuerkennen. Vertreter dieser Position wollen Vorausentscheidungen bzw. Entscheidungen, die vor der Erkrankung für die Situation der Demenz getroffen wurden, als Ausdruck ihrer für ihre Biografie und Identität wichtigen Werte ernst genommen wissen und fordern Verbindlichkeit für sie.[3] Die Vertreter der Gegenposition legen mehr Wert auf gestische und mimische Ausdrucksweisen und damit auf die leibliche Identität eines Menschen. Ein aktueller Lebenswille kann sich diesem Verständnis nach gerade im leiblich geäusserten zeigen, dem dann auch Bedeutung zu schenken ist.[4] Es zeigt sich also, dass die Antwort auf die Frage, ob Menschen mit Demenz ihre Identität verlieren, vor allem damit zusammenhängt, wie man Identität versteht.

II. Personale Identität

In der klassischen Philosophie hat John Locke ein Verständnis von Identität vorgelegt, das den Begriff der Person voraussetzt.[5] Personsein impliziert nach John Locke das Bewusstsein ihrer Selbst: Selbst-Bewusstsein. Menschsein

---

3 Ralf Jox / Johann S. Ach / Bettina Schöne-Seifert, Der «natürliche Wille» und seine ethische Einordnung: Deutsches Ärzteblatt 111/10, 2014, 324–326 (326).

4 Peter Dabrock, Formen der Selbstbestimmung. Theologisch-ethische Perspektiven zu Patientenverfügungen bei Demenzerkrankungen: Zeitschrift für medizinische Ethik 53/2, 2007, 127–144 (137).
Vgl. zur Debatte rund um die Patientenverfügung auch meine Ausführungen in: Martina Schmidhuber, Die Rolle der Patientenverfügung für Menschen mit Demenz: Lebendige Seelsorge 1/2015, 49–54 sowie die Beiträge in: Andreas Frewer / Uwe Fahr / Wolfgang Rascher (Hg.), Patientenverfügung und Ethik. Beiträge zur guten klinischen Praxis, Jahrbuch Ethik in der Klinik 2, Würzburg 2009.

5 Vgl. dazu auch meine Überlegungen in: Martina Schmidhuber, Zum Personstatus von Menschen mit Demenz: Salzburger Jahrbuch für Philosophie LIV, 2014, 171–180.

hingegen ist nur an die Biologie des Körpers gebunden, es hat nichts mit mentalen Zuständen zu tun. Um nun Identität bilden zu können, muss man über Selbst-Bewusstsein im Sinne John Lockes verfügen. Eine Person ist nach ihm ein «denkendes, verständiges Wesen, das Vernunft und Überlegung besitzt und sich selbst als sich selbst betrachten kann»[6]. Die Person, die sich als rationales Wesen Gedanken über sich machen kann und auch will, ist aufgrund ihrer Erfahrung des «Sich-selbst-gleich-Bleibens»[7] identisch. Sie kann sich «zu verschiedenen Zeiten und an verschiedenen Orten»[8] als dieselbe denken. Das Selbst-Bewusstsein ermöglicht es ihr, sich als eine Einheit denken zu können.

Genau diese Fähigkeiten, die wir gesunden Personen durchaus zuschreiben und vermutlich auch als essenziell für ihre Identität anerkennen würden, gehen jedoch Menschen mit Demenz im Laufe der Erkrankung immer mehr verloren. Sie sind sich ihrer Selbst nicht mehr bewusst. Das wird etwa daran deutlich, dass sie sich im Spiegel oder auf Fotos nicht mehr erkennen. Es ist ab einem gewissen Zeitpunkt der Erkrankung auch nicht mehr möglich, sich zu verschiedenen Zeiten an verschiedenen Orten als dieselbe Person zu verstehen. Das zeigt sich wiederum daran, dass sich Menschen mit Demenz häufig plötzlich sehr gut an ihre Kindheit erinnern, viel davon erzählen und scheinbar in ihrer Kindheit leben. Wenn beispielsweise eine 80 Jahre alte Dame mit Demenz im Seniorenheim auf ihre Mutter wartet, legt dies nahe, dass sie sich in ihre Kindheit zurückversetzt fühlt. Darüber hinaus ist es auch nicht mehr möglich, vernünftige Überlegungen und Entscheidungen von Menschen mit Demenz zu erwarten. Sie handeln sehr impulsiv und haben auch nicht mehr die Fähigkeit, über die Konsequenzen ihrer Handlungen nachzudenken. Das Erinnerungsvermögen wird immer weniger verlässlich, aber der Grad der Verwirrtheit kann innerhalb eines Tages schwanken, wie das folgende Beispiel deutlich macht:

> «Mrs B, aged 82, woke one morning and turned to her husband in alarm. ‹What are you doing there? Get out of the bed. I don't know you.› The husband's distress was compounded when the GP arrived and Mrs B greeted him warmly: ‹How nice to see you doctor. Why are you here?›»[9]

---

6 John Locke, Versuch über den menschlichen Verstand, Hamburg 1981, 419.

7 A. a. O., 420.

8 A. a. O., 19.

9 NSW Department of Health, Care with patients in General Practice. Guidelines, Sydney 2003, 25.

Es zeigt sich also, dass das Identitätsverständnis, das aus der klassischen Philosophie kommt, Menschen mit Demenz ihre Identität abspricht. Nun stellt sich die Frage, ob Identität auch so aufgefasst werden kann, dass dies nicht der Fall ist. Hängt Identität tatsächlich vor allem von Gedächtnis, Erinnerung und Rationalität ab? Dieser Frage widmen sich auch Philosophen, die sich konkret mit der Identität bei Demenz auseinandersetzen.

III. Die Dworkin-Dresser-Debatte

Eine philosophische Debatte, an der man nicht vorbeikommt, wenn man sich mit Identität bei Demenz beschäftigt, ist jene zwischen Ronald Dworkin und Rebecca Dresser. Die beiden Autoren haben konträre Auffassungen davon, was die Identität einer Person ausmacht und folglich auch davon, ob diese bei Menschen mit Demenz erhalten bleibt.

Der Rechtsphilosoph Ronald Dworkin trifft eine Unterscheidung zwischen *experiential interests* und *critical interests*. Mit *experiential interests* sind die gegenwärtigen Erfahrungen einer Person zu einem bestimmten Zeitpunkt gemeint. Dazu zählen etwa Hunger, Freude oder Zufriedenheit. Im Unterschied dazu sind *critical interests* langanhaltend. Sie sagen etwas über die Einstellung im Leben aus, darüber, was man im Leben für wichtig hält. *Critical interests* beziehen sich demnach auf die Frage der Identität einer Person: Was macht sie als Individuum aus? Was ist ihr in ihrem Leben wichtig? Aufgrund dieser grossen Reichweite der *critical interests* ist Ronald Dworkin der Ansicht, dass diese einen grösseren Wert haben als die *experiential interests*. Denn *critical interests* sind es, die seines Erachtens etwas über die Identität der Person aussagen. Die identitätsbestimmenden *critical interests* sind nach Ronald Dworkin so prägend, dass sie über die Demenzerkrankung hinweg bestehen bleiben: «[…] personal identity does survive even the most serious dementia.»[10] Auch wenn sich die Person wegen der Erkrankung verändert, sind die *critical interests* doch so wesentlich, dass sie die Demenzerkrankung überdauern.

Nach Ronald Dworkin sollen Menschen mit Demenz noch selbst entscheiden können, «wenn die Entscheidungen einer leicht dementen Person eine gewisse Stabilität aufweisen, einigermassen in Einklang mit dem allgemeinen Charakter ihres Lebens stehen und nur ungefähr im selben Mass inkonsistent

—

10 Ronald Dworkin, Autonomy and the demented self: Stephen A. Green / Sidney Bloch (Hg.), An anthology of psychiatric ethics, New York 2006, 293–296 (293).

und gegen die eigene Person gerichtet sind wie bei geistig voll zurechnungsfähigen Menschen auch, dann kann man davon ausgehen, dass diese Person ihr Leben immer noch gestaltet und daher ein Recht auf Selbstbestimmung hat»[11].

Wenn die Aussagen einer dementen Person jedoch von Widersprüchen geprägt sind, nicht kohärent sind und keine Ziele widerspiegeln, dann hat in der Sicht Ronald Dworkins diese Person das Vermögen und ihr Recht zur Selbstbestimmung eingebüsst.[12] Wer aber entscheidet, ob Ziele plausibel sind? Sind Stabilität und Kohärenz tatsächlich immer erforderlich oder kann und muss es sogar Brüche in der Lebensgeschichte geben, weil gerade diese die Identität einer Person ausmachen?

Die Philosophin Rebecca Dresser würde die letzte Frage klar bejahen. Sie argumentiert, dass es gerade unser Personsein ausmacht, dass wir unsere Meinung ändern können: «[W]e enjoy as competent people to change our decisions that conflict with our subsequent experiential interests.»[13] Unabhängig von einer Demenzerkrankung ändern sich die Lebensumstände von Personen und deshalb verändern sie auch ihre Einstellungen und Meinungen. Das bedeutet aber noch nicht, dass sie ihre Identität verlieren.[14] Versteht man personale Identität im narrativen Sinne, bedeutet dies, dass Personen ihre Lebensgeschichte erzählen: «The basic idea is that lives can be seen as stories, with story-like structures.»[15] In diesem Verständnis ist personale Identität ein dynamisches, veränderbares Konstrukt. Identitätsentwicklung ist nie abgeschlossen, dauert das ganze Leben hindurch. Dass es dabei immer wieder zu Veränderungen und neuen Entscheidungen kommt, liegt auf der Hand. Deshalb wirft Rebecca Dresser Ronald Dworkin vor, dass er keinen Raum für

---

11 Ronald Dworkin, Die Grenzen des Lebens. Abtreibung, Euthanasie und persönliche Freiheit, Hamburg 1994, 312.

12 Vgl. a. a. O., 312.

13 Rebecca Dresser, Dworkin on Dementia. Elegant Theory, Questionable Policy: Green / Bloch (Anm. 10), 297–301 (299).

14 Vgl. Martina Schmidhuber, Verlieren Demenzbetroffene ihre personale Identität?: Georg Gasser / Martina Schmidhuber (Hg.), Personale Identität, Narrativität und Praktische Rationalität. Die Einheit der Person aus metaphysischer und praktischer Perspektive, Münster 2013, 295–311.

15 John K. Davis, Precedent Autonomy, Advance Directives, and End-of-Life Care: Bonnie Steinbock (Hg.), The Oxford Handbook of Bioethics, Oxford 2007, 349–374 (363).

«changes of the heart»[16] lässt, «that can lead us to deviate from our earlier choices»[17].

Während Ronald Dworkin also Identität für etwas hält, das sich durch Wertungen sehr stabil im Leben hält, plädiert Rebecca Dresser für ein flexibleres Verständnis, das sich im Laufe des Lebens aufgrund sich verändernder Umstände wandeln kann. Im Folgenden möchte ich an Rebecca Dressers Verständnis anknüpfen, weil dann, wie ich zeigen werde, auch bei Menschen mit Demenz Identität nicht einfach hinter der Krankheit verschwindet oder gar verloren geht.

IV. Personale Identität als Narration

Wenn sich unsere Lebensumstände ändern, passen wir uns ihnen an. Ein Jobwechsel bedeutet häufig auch ein Wechsel des Wohnortes, das Ende einer Beziehung zwingt Menschen dazu, ihr Leben neu zu sortieren, ein unerfüllter Kinderwunsch verlangt eine Umorientierung im Leben. Biografien sind permanent mit unvorhersehbaren Veränderungen verbunden, mit denen Menschen zurechtkommen müssen. So ist auch eine Krankheit ein solches Ereignis, das an Veränderungen geknüpft ist. Das Leben muss neu ausgerichtet und geplant werden. Aber genau diese Veränderungen, die wir nicht beeinflussen können, sind auch ein Teil der Identität einer Person. Nicht nur die Ziele, die eine Person selbst festlegt, sagen etwas über sie aus, sondern auch das, was ihr im Leben widerfährt und wie sie damit umgeht.[18] Die Biografie der Person, ihre ganze Lebensgeschichte macht ihre Identität aus.

Dieses Verständnis von Identität knüpft an Narrationen: Menschen erzählen die Geschichte ihres Lebens, in der kleinere und grössere Veränderungen vorkommen. Ebenso kann es aufgrund bestimmter Ereignisse Brüche geben. So ist dies bei Demenz insbesondere der Fall, wie die Biografie von Walter Jens exemplarisch zeigt. Der einst berühmte Rhetorikprofessor, der sich als Mann des Wortes und der Sprache verstand, verlor genau diese Fähigkeiten aufgrund der Erkrankung. Er konnte sich nur noch auf eine kindliche Art und

---

16 Dresser (Anm. 13), 299.

17 Ebd.

18 Vgl. dazu auch Martina Schmidhuber, Der Prozess personaler Identitätsbildung und die Rolle von Institutionen. Eine philosophisch-anthropologische Untersuchung, Münster 2011.

Weise sprachlich ausdrücken und verlernte lesen und schreiben. Dennoch ist auch dies Teil seiner Lebensgeschichte, die als ganze betrachtet werden muss:

> «The narrative approach can be understood as a way of retrieving and continuing a person's preferences, but it also challenges us to look at a person's life as a whole, and make a over-all assessment of that life.»[19]

Menschen entwickeln sich in ihrer Persönlichkeit im Laufe des Lebens. Persönlichkeit entsteht erst durch Veränderungen und diese müssen in die Biografie eingebaut werden; dabei spielt auch die Sozialisation des Individuums eine massgebliche Rolle.[20] Eine Erkrankung wie Demenz verändert die Persönlichkeit sicher auf drastische Art und Weise, aber dadurch geht ihre Identität nicht verloren. Die Persönlichkeitsveränderung ist meistens für die Angehörigen am schmerzhaftesten, wie auch der Sohn von Walter Jens, Tilman Jens, angesichts des kindlichen Verhaltens seines Vaters betont: «Ich möchte weinen. Er aber fühlt sich wohl.»[21]

Würde man, wie John Locke es tut, Identität an die Erinnerung einer Person knüpfen, so müsste man selbst gesunden Menschen, die ja auch immer wieder Ereignisse in ihrem Leben vergessen, die Identität absprechen. Das kann bei länger zurückliegenden Erlebnissen der Fall sein, aber auch bei solchen, die eben erst stattfanden. Wie oft geschieht es, dass man sich beim besten Willen nicht mehr an den Namen eines neuen Kollegen erinnern kann, der sich doch vor einer Stunde noch vorgestellt hat.

Ebenso problematisch ist es, wenn man Identität, so wie Ronald Dworkin, an *critical interests* festmacht. Denn wir sind eben auch Lebewesen, die erfahrungsbezogene Interessen haben, die uns in unserer Individualität ausmachen. So hat der eine ein besonders grosses Schlafbedürfnis, die andere entspannt erst, wenn sie genug gegessen hat. Das hat damit zu tun, dass Menschen auch leibliche Wesen sind.[22] Sie bestehen nicht nur aus ihren mentalen Zuständen wie Rationalität und Erinnerungsvermögen. Sie haben auch

---

19 Maartje Schermer, In search of «the good life» for demented elderly: Medicine, Health Care and Philosophy 6, 2003, 35–44 (40).

20 Vgl. Michael Quante, Person, Berlin 2012, 176.

21 Vgl. Tilman Jens, Demenz. Abschied von meinem Vater, Gütersloh 2009, 141.

22 Der Phänomenologe Bernhard Waldenfels unterscheidet zwischen dem Leib als etwas Lebendigem und dem Körper, der auch leblos sein kann. Vgl. Bernhard Waldenfels, Das leibliche Selbst. Vorlesungen zur Phänomenologie des Leibes, Frankfurt a. M. 2000, 15.

eine leibliche Wahrnehmung und Gefühle. Vor allem im Zustand der Demenz, wenn die intellektuellen Fähigkeiten immer mehr in den Hintergrund treten, zeigt sich die leibliche Beschaffenheit besonders deutlich. Nahrungsaufnahme, menschliche Nähe, das Streicheln von Tieren etc. werden für viele Menschen mit Demenz immer wichtiger. Einige Autoren warnen davor, ein Leben mit Demenz als schönes Leben jenseits des intellektuellen Tunnelblicks zu verstehen, weil nur noch leiblicher Genuss im Vordergrund steht.[23] Das kann und soll hier auch gar nicht geschehen, denn niemand kann sich vorstellen, wie es sich anfühlt, dement zu sein, wenn er es nicht selbst ist. Nachvollziehbar ist jedoch, dass der Leib der Person mit Demenz Teil ihrer Identität bleibt:

> «In regard to this question an anthropology of the bodily existence of human beings argues that the bodily presence of a person with dementia, his or her bodily acting, confronts us with a personal identity which morally binds us to respect the desires of these persons. Even though the mental capabilities vanish, the self of the person remains. What vanishes is one aspect of his or her bodily identity, but the other aspects remain and in those we are still confronted with the identity of the person.»[24]

Personen sind darüber hinaus üblicherweise stets sozial eingebettet, sie wachsen in einem Umfeld auf. In besonders vulnerablen Situationen des Lebens ist man stärker auf andere angewiesen.[25] Der Austausch mit anderen und die Unterstützung von anderen beeinflusst auch die Identität bzw. die Lebensgeschichte einer Person. Stets gibt es im Leben Personen, die einen besonders geprägt haben, das kann bewusst oder unbewusst geschehen. Diese nahestehenden Personen sind es auch, die die individuelle Lebensgeschichte zu Ende erzählen können, wenn z. B. keine Patientenverfügung vorhanden ist und man sich die Frage stellt, ob der Mensch mit Demenz im schweren Stadium noch künstlich ernährt werden soll. «[…] people do not always want to be sole authors of their own life stories, or at least not the final chapter.»[26]

---

23 Vgl. Michael Coors, A dementalized body? Reconsidering the human condition in the light of dementia: Geriatric Mental Health Care 1, 2013, 34–38 (38).

24 A. a. O., 38.

25 So konstatieren Hughes und Baldwin: «In the case of people with dementia, […] the need for *being with* becomes more acute.» Julian C. Hughes / Clive Baldwin, Ethical issues in dementia care. Making difficult decisions, London 2006, 82.

26 Davis (Anm. 15), 363.

Selbst wenn der primär Betroffene mit einer Patientenverfügung, die immer wieder als wichtiges Instrument zur Selbstbestimmung betont wird, vorgesorgt hat, ist er stets auf die Interpretation der aktuellen Situation und der Patientenverfügung durch andere angewiesen.[27]

Die Brüche und Veränderungen durch die Demenz sind für die primär Betroffenen vermutlich ab einem gewissen Stadium der Erkrankung gar nicht mehr spürbar. Vielmehr sind es die Angehörigen, die unter der Veränderung der ihnen nahestehenden Person leiden. Dann nicht von einem Verlust der Identität des geliebten Partners oder Elternteils zu sprechen, sondern die krankheitsbedingten Veränderungen als Teil der Lebensgeschichte zu verstehen, ist zweifelsohne eine Herausforderung. Die Anforderungen im Pflegealltag übersteigen oft die psychischen und physischen Möglichkeiten der pflegenden Angehörigen. Depressionen, Angst, angespannte Beziehungen zu anderen Familienmitgliedern und ein allgemeines Gefühl der Überforderung können die Folge sein.[28] Studien zeigen jedoch, dass Angehörige die kognitiven Defizite weniger belasten als die emotionalen Veränderungen.[29] Aggressivität, verzweifelte Hilflosigkeit und Gewalt haben auch Walter Jens verändert, der im schlimmsten Fall seine Frau schlug.[30] Inge Jens versuchte sich immer wieder klar zu machen, dass es nicht ihr Mann ist, der sie schlägt, sondern dies durch seine Krankheit hervorgerufen wird. Tilman Jens stellt fest: «Die Krankheit hat längst auch jene Friedfertigkeit zerstört, für die sein Name einmal stand – und die er lebte. […] Meine Mutter sagt verstörend direkt: *Er ist nicht mehr der Mann, den ich liebte.*»[31] Trotz dieser starken Persönlichkeitsveränderung ist es aber immer noch Walter Jens mit seinem Leib und seiner Vergangenheit, der sich nun wegen der Demenzerkrankung, die auch zu seiner Lebensgeschichte gehört, so verhält.

Erinnerungsarbeit, wie sie eingangs in dem zitierten Ratgeber postuliert wird, ist wichtig für Menschen mit Demenz, um ihre Identität zu stärken.

—

27 Frewer und Fahr sprechen bei der Interpretation einer Patientenverfügung von einer «hermeneutischen Leistung». Vgl. Andreas Frewer / Uwe Fahr, Ethikberatung zu Patientenverfügungen. Erfahrungen und Beispiele am Universitätsklinikum Erlangen: Frewer / Fahr / Rascher (Anm. 4), 111–128 (116).

28 Vgl. Verena Wetzstein, Diagnose Alzheimer. Grundlagen einer Ethik der Demenz, Frankfurt a. M. 2005, 203.

29 Vgl. Ingo Füsgen, Demenz. Praktischer Umgang mit der Hirnleistungsstörung, München 1995, 96.

30 Vgl. Jens (Anm. 21), 10.

31 Ebd.

Dennoch darf Identität, so soll in der vorangegangenen Argumentation deutlich geworden sein, nicht nur an Erinnerung geknüpft werden. Sowohl Leiblichkeit als auch das soziale Eingebettet-Sein spielen für die Identität eines Menschen mit Demenz eine besondere Rolle.

V. Die Geschichte weitererzählen

Es geht also darum, den Menschen mit Demenz in seiner weiteren Lebensgeschichte zu begleiten. Dafür ist es erforderlich, die Fürsorge und Pflege an die Individualität der Person anzupassen und auch Brüche in der Biografie anzuerkennen und darauf einzugehen. Denn wie bereits erläutert wurde, ändern sich Vorlieben und Wertungen im Laufe der Erkrankung, wie auch bei gesunden Menschen. Darüber hinaus ist es wesentlich, die Besonderheit der leiblichen Äusserungen und den meist zunehmenden Wert der menschlichen Nähe zu berücksichtigen.

Erfahrungsberichte von pflegenden Angehörigen können diese Besonderheiten der Fürsorge von Menschen mit Demenz besonders eindrücklich schildern. Deshalb sollen im Folgenden exemplarisch Erlebnisse von Angehörigen zeigen, wie sich die Identität von Menschen mit Demenz mit besonderer Rücksicht auf den sensiblen Umgang mit Brüchen, Erinnerungsarbeit, Leiblichkeit und In-Beziehung-Sein in ihrer Lebensgeschichte wahrnehmen lässt.[32]

Gabriela Zander-Schneider, die ihre demenzkranke Mutter zuhause pflegt, ist anfangs angesichts der Veränderungen im Verhalten und den neuen Vorlieben ihrer Mutter irritiert. So scheint diese, die stets auf ihre Figur achtete, nun das Essen sehr zu geniessen:

> «Beim Abendessen im Hotel stellte ich zum wiederholten Male fest, dass die Mahlzeiten meiner Mutter eine ganz besondere Freude bereiteten. Sie liess keine der angebotenen Speisen am Büfett aus und probierte gleich mehrmals hintereinander. Sie, die sonst immer so sehr darauf bedacht war, nicht zuzunehmen, schien hier sämtliche Kalorien ausser Acht zu lassen. Der Rotwein am Abend schien ihr ebenfalls sehr zu entsprechen, und zu meinem Erstaunen sass sie zwischendurch öfter

---

32 Es handelt sich hierbei um eine kleine Auswahl von Literatur zum Thema Demenz der letzten zehn Jahre.

mal am Pool und löffelte eine riesige Portion Eis. Aber meine Mutter mochte gar kein Eis!»[33]

Auch die verwehrte Möglichkeit, ihrer Mutter mit Dingen, die sie einst mochte, Freude zu bereiten, ist eine nicht leicht hinzunehmende Veränderung und Herausforderung:

«‹Mutter, komm, riech doch auch mal.› Ich weiss, dass sie solche Gerüche immer gemocht hat, weiss aber auch, dass der Verlust des Geschmacks- und Geruchssinns zu Alzheimer dazugehören kann. Mutter steht neben mir und schaut mir zu. So stecke ich selbst demonstrativ die Nase noch einmal tief in den Flieder hinein. ‹Komm, probier es mal.› – ‹Ja›, sagt sie und lacht mich verständnislos an. Es hat keinen Zweck. Sosehr ich ihr auch eine Freude machen will, sie versteht nicht, was ich meine.»[34]

Andererseits können es aber genau jene Dinge sein, die sich das ganze Leben lang in der Biografie als wesentlich gezeigt haben, die nun auch noch während der Demenz als identitätsstiftend aufgefasst werden. Das erlebt Gabriela Zander-Schneider, als sie mit ihrem Bruder die Mutter im Seniorenheim besucht:

«Eine Frau tanzt. Unsere Mutter. Mitten in dem grossen Raum tanzt sie alleine zu der Musik. Sie dreht sich im Kreis. Hält die Arme in die Luft und ist ganz in ihrem Element. Für einen ganz kurzen Augenblick erinnert sie uns an Zeiten, in denen sie bei irgendeinem der vielen Feste, die in unserem Elternhaus stattfanden, genauso getanzt hat.»[35]

Auch Arno Geiger, der seinen Vater pflegte, erlebt, dass es Dinge in dessen Leben gibt, die ihn nach wie vor prägen und ihm auch Sicherheit geben:

«Mein Vater war Ministrant bis ins Erwachsenenalter. Er konnte noch im Alter die halbe lateinische Messe auswendig. Manchmal sass er am Küchentisch und hat die lateinische Messe gelesen. Das war so tief in ihn eingeschrieben, all diese rituellen, liturgischen Sätze, Formeln, die Lieder, die Gesänge. Ich glaube, dass man derlei

---

33 Gabriela Zander-Schneider, Sind Sie meine Tochter? Leben mit meiner alzheimerkranken Mutter, Reinbek bei Hamburg 2011, 31.

34 A. a. O., 195.

35 A. a. O., 209f.

mitnimmt und dass Wiederholung Vertrauen schafft, weil das richtige Wort wieder kommt, alles an seinem Platz, eine geordnete Welt.»[36]

Die sinnlichen Erlebnisse, die selbst bei Menschen, die vor der Erkrankung sehr intellektualistisch und scheinbar asketisch gelebt haben, können im Laufe der Demenz an Bedeutung gewinnen. Leibliche Erfahrungen scheinen an Wert zuzunehmen, wie Angehörige eindrücklich berichten:

> «[I]f you'd said to me ten years ago at the beginning of this illness, in ten years' time my husband will become immobile, speechless, doubly incontinent, unable to do anything for himself, and really has only got his music and nourishment and human touch as the three pleasures. He's also practically blind as well. […] And if somebody said to me, ‹Does somebody in that state have any quality of life?› I think ten years ago I'd have said, ‹No›. But working with him now, caring for him now, there is still quality of life there, there are still things that he appreciates. He likes the feel of the sun on his hands, he likes to see what he probably distinguishes as bright colours, but what they are he has no idea. He likes his music, he likes to be sung to, he likes to be played with in a way that you play with a small child and he loves human contact and cuddles and tickles and all these sorts of things. And yes, there is still a quality of life there.»[37]

VI. Fazit

Identität nicht als starres und unveränderbares Konstrukt, sondern im Sinne einer Lebensgeschichte als Ganze zu verstehen – das ist die spezielle Herausforderung bei Demenz. Identität wird, wie deutlich wurde, häufig an das Recht auf selbstbestimmte Entscheidung geknüpft. Oft wird argumentiert, dass nur derjenige, der sich zu verschiedenen Zeiten an verschiedenen Orten als derselbe denken kann, auch befähigt ist, zu wissen, was er will. Es wurde gezeigt, dass diese Auffassung von Identität zu kurz greift, weil es zur Lebensgeschichte von Personen gehört, dass darin auch Brüche vorkommen, sowohl beabsichtigte als auch unbeabsichtigte. Darüber hinaus ist auch der Leib ein Teil der Identität, mit dem Menschen sich non-verbal äussern und so anderen etwas vermitteln.

—

36 Erich Garhammer / Arno Geiger, Sehnsucht nach einem Zuhause, in dem wir genug sind. Ein Gespräch mit Arno Geiger: Lebendige Seelsorge 66, 2015, 2–10 (7).

37 Hughes / Baldwin (Anm. 25), 100f.

Simon Hofstetter

Diakonische Perspektiven auf das Thema Demenz

I. Einstieg: Teilhabe – auch für Demenzkranke

In der diakonischen Arbeit – sei es in diakonischen Institutionen oder aber innerhalb von Kirchen und Kirchgemeinden – setzt sich mehr und mehr das Konzept der (selbstbestimmten) Teilhabe als handlungsleitendes Prinzip durch.[1] Das Konzept grenzt sich ab von früheren Handlungsprinzipien diakonischer Arbeit, in welchen die vulnerablen Glieder der Gesellschaft einseitig als Hilfebedürftige deklariert und somit als Objekte kirchlich-diakonischer Arbeit behandelt wurden.[2] Entgegen einer solchen defizitorientierten Perspektive setzt das Konzept bei Fällen von nicht mehr gewährleisteter Teilhabe bzw. bei Ausgrenzung von gesellschaftlichen Vollzügen ein: Wenn Handlungsspielräume von Personen – aus welchen Gründen auch immer – in gravierender Weise eingeschränkt sind, so werden Wege gesucht, um ihnen erste Schritte zu mehr Selbstbestimmung und somit zu selbstgewählter Teilhabe je im eigenen Umfeld zu ermöglichen. Das heisst beispielsweise:

---

1 Vgl. dazu exemplarisch Johannes Eurich u. a. (Hg.), Kirchen aktiv gegen Armut und Ausgrenzung. Theologische Grundlagen und praktische Ansätze für Diakonie und Gemeinde, Stuttgart 2011; Kirchenamt der EKD, Gerechte Teilhabe. Befähigung zu Eigenverantwortung und Solidarität, Gütersloh 2006; Andreas Lob-Hüdepohl, Vielfältige Teilhabe als Menschenrecht. Ethische Grundlage inklusiver Praxis: Holger Wittig-Koppe (Hg.), Teilhabe in Zeiten verschärfter Ausgrenzung? Kritische Beiträge zur Inklusionsdebatte, Neumünster 2010, 13–21; Gerhard Wegner, Teilhabe fördern. Christliche Impulse für eine gerechte Gesellschaft, Stuttgart 2010.

2 Zur Kritik: Henning Luther, Wahrnehmen und Ausgrenzen oder die doppelte Verdrängung. Zur Tradition des seelsorgerlich-diakonischen Blicks: Theologia Practica 23, 1988, 250–266.

- Der von Armut und Arbeitslosigkeit Betroffene soll mit Bildungsmassnahmen zu einer Reintegration in den Arbeitsprozess befähigt werden;[3]
- Menschen mit Beeinträchtigungen werden in ihrer gesellschaftlichen Teilhabe unterstützt, indem mit inklusiven Massnahmen eine Arbeitsstelle ermöglicht und überhaupt der Zugang zum öffentlichen Raum erleichtert wird;[4]
- oder aber die pflegende Angehörige erhält Unterstützung und Entlastung in der Betreuung ihrer pflegebedürftigen Mutter, damit sie die Berufstätigkeit und die Sorge um ihre Mutter besser nach ihren Vorstellungen organisieren kann.[5]

Auch in der diakonischen Altenhilfe gilt die selbstbestimmte Teilhabe als «unhintergehbares Prinzip»[6]: In gut geführten diakonischen Pflegeheimen etwa wird Wert darauf gelegt, auch den betagten Bewohnerinnen und Bewohnern selbst in einfachen Lebensvollzügen (wie Zimmereinrichtung, Tagesablauf etc.) Wahl- und Entscheidungsmöglichkeiten zu bieten und sie als mitverantwortliche, handelnde Subjekte in den zu gestaltenden Alltag miteinzubeziehen – und das im Wissen darum, dass dies womöglich einer effizienten Arbeitsorganisation entgegenläuft. Auch an Demenz Erkrankten kann Teilhabe an ihrem nächsten Umfeld ermöglicht werden, wenn versucht wird, ihnen in ihrer gefühlten Heimatlosigkeit[7] Halt und Orientierung zu bieten sowie ihnen in der Situation des weitgehenden Gedächtnisverlusts erinnerungsstiftende Momente zu schaffen.

Wie das möglich werden kann, ist später auszuführen.

---

3 Vgl. Johannes Eurich, Kirchen aktiv gegen Armut und Ausgrenzung. Einleitende Überlegungen: ders. u. a. (Hg.), Kirchen aktiv gegen Armut und Ausgrenzung. Theologische Grundlagen und praktische Ansätze für Diakonie und Gemeinde, Stuttgart 2011, 9–18.

4 Vgl. Ulf Liedke, Menschen. Leben. Vielfalt. Inklusion als Gabe und Aufgabe für Kirchgemeinden: PTh 3, 2012, 71–86.

5 Vgl. Simon Hofstetter, Das Unsichtbare sichtbar machen. Pflegende Angehörige und der diakonische Auftrag der Kirchen, Zürich 2016.

6 Thomas Mäule, Alter(n) diakonisch gestalten. Wider die demografische Ignoranz: Martina Kumlehn / Thomas Klie (Hg.), Aging – Anti-Aging – Pro-Aging. Altersdiskurse in theologischer Deutung, Stuttgart 2009, 213–233 (228).

7 Vgl. zum Motiv der Heimatlosigkeit insbesondere Arno Geiger, Der alte König in seinem Exil, München 2012.

Grundvoraussetzung bei all diesen Bestrebungen zur Förderung der selbstgewählten Teilhabe ist dabei, dass die Betroffenen fähig und willens sind, ihre Anliegen, Interessen und Bedürfnisse zum Ausdruck zu bringen; d. h. Grundvoraussetzung dafür ist die gelingende Kommunikation zwischen den Betroffenen und den sie unterstützenden Beteiligten. Hier liegt nun ein entscheidender Knackpunkt, wenn der Blick auf an Demenz erkrankte Personen gerichtet wird. Wie können demente Menschen, die scheinbar mittels uns vertrauter Weisen verbaler Kommunikation kaum mehr erreichbar sind, ihre Anliegen, Wünsche und Bedürfnisse anbringen, damit diakonische Unterstützung zur Teilhabe gelingen kann?

Freilich sind die Betroffenen in einer ersten Phase der Demenz angesichts von zunehmendem Gedächtnisverlust, von Störungen im zeitlichen Vorstellungsvermögen sowie von depressiven Verstimmungen immer noch in der Lage, eigene Willensbekundungen nachvollziehbar zu kommunizieren.[8] In einer zweiten Phase mit zunehmender Desorientiertheit und Hilflosigkeit sowie nur noch floskelhafter Sprache ist die Wahrnehmung bzw. Interpretation von Bedürfnissen bereits weitaus anspruchsvoller.[9] Schliesslich stellt sich in einer dritten Phase der Demenzentwicklung – bei starkem geistigen Abbau, weitgehender Situations- und Personenverkennung sowie apathischem Verhalten – die grundsätzliche Frage, inwiefern Bedürfnisse und Wünsche noch kommuniziert und wahrgenommen werden können sowie worin diese in einem solchen Stadium der Demenzentwicklung noch bestehen mögen.[10] Ist die Interaktion mit schwer Demenzkranken in dieser Phase etwa gar nicht mehr möglich?

In der Demenzforschung wird diese Frage verneint mit der Argumentation, dass auch bei stark fortgeschrittener Demenz immer noch Kompetenzen des Verstehens und der Selbstäusserung vorhanden sind.[11] Allerdings verschieben sich die Kommunikationswege wesentlich: Angesichts des Verlusts

—

8 Vgl. Michael Wunder, Demenz und Selbstbestimmung: Ethik in der Medizin 1, 2008, 17–25 (20f.).

9 Vgl. a. a. O., 21.

10 Vgl. a. a. O., 21f. Zur Phaseneinteilung vgl. auch Sandra Oppikofer, Lebensqualität von Menschen mit einer Demenzerkrankung, Zürich 2013 (3f.), die das hier genannte dritte Stadium nochmals eigens unterteilt.

11 Vgl. Christoph Held, Anforderungen an die medizinische und pflegerische Versorgung bei fortgeschrittener Demenz: Bundesamt für Gesundheit (BAG), Demenz – gesundheits- und sozialpolitische Herausforderung. Tagungsband, Bern 2011, 18 sowie Wunder (Anm. 8), 22.

der kognitiven Kompetenzen sind schwer Demenzkranke nicht mehr so sehr auf der kognitiven Ebene, sondern vielmehr über die körperlich-erfahrungsorientierte Ebene zu erreichen – d. h. die Kommunikationswege verschieben sich weg von der vorwiegend verbalen Kommunikation hin zu mehr leiblichen Ausdrucksweisen.[12]

Freilich braucht es zur Wahrnehmung solcher leiblicher Ausdrucks- und Interaktionsweisen von Angehörigen und Pflegepersonal viel Sensibilität, Zeit, Erfahrung und Übung – und solche Verständigungsprozesse müssen (je nach Krankheitsverlauf) stets neu erprobt und angepasst werden.

Wie kann nun eine solche Kommunikation über «leibliche Ausdrucksweisen» konkret aussehen? Die deutsche Diakoniewissenschafterin Urte Bejick hat unter dem Schlagwort «Der essbare Gott» einen diakonisch-seelsorgerlichen Zugang zu Menschen mit Demenz vorgeschlagen, in welchem die geforderte leibliche Interaktion über gemeinsame Mahlzeiten, über das Essen und Trinken gesucht wird.[13] Der Zugang über das gemeinsame Essen erfolgt dabei in der Überzeugung, dass das gemeinsame Essen mehr darstellt als die blosse Sättigung der Beteiligten und entsprechend nicht allein zur Auffüllung des Kalorienspeichers und zur Aufrechterhaltung der Körperfunktionen dient, sondern auch eine «wesentliche Dimension von Lebensqualität darstellt»[14]. Das gemeinsame Essen enthält eine Tiefendimension mitten in alltäglichen Vollzügen, die über die «Leibsorge» hinausgeht und die Symbole enthält, für

—

12 Vgl. Mäule (Anm. 6), 228. Einen alternativen diakonischen Zugang zu Demenzkranken entfaltet Martina Kumlehn, Vom Vergessen erzählen. Demenz und Narrative Identität als Herausforderungen für Seelsorge und theologische Reflexion: dies. / Klie (Anm. 6), 201–212. Durch diesen narrativen Zugang zur Demenz werde es möglich, «die innere Welt zu imaginieren, in die die Demenzpatienten hineingleiten und aus der sie selbst nicht mehr berichten können, um so Deutungsmuster anzubieten, die Unsagbares sagbar, Unsichtbares sichtbar machen» (202). Festzuhalten ist dabei jedoch, dass auch dieser Zugang weitgehend auf verbalen Kommunikationsformen basiert und entsprechende Fähigkeiten zur verbalen Artikulation voraussetzt.

13 Urte Bejick, Der essbare Gott. Die spirituelle Dimension der Diakonie am Beispiel der Altenpflege: Arnd Götzelmann (Hg.), Diakonische Kirche – Anstösse zur Gemeindeentwicklung und Kirchenreform, Heidelberg 2003, 218–227.

14 Johannes Eurich / Ernst-Ulrich Huster, Menschenbilder: Volker Hermann u. a. (Hg.), Theologie und Soziale Wirklichkeit. Grundbegriffe, Stuttgart 2011, 168–178 (168).

welche Menschen mit Demenz (womöglich mehr als andere) in besonderem Masse empfänglich sind.[15]

Dieser Zugang zu Menschen mit Demenz über das (gemeinsame) Essen ist in dreifacher Hinsicht zu entfalten:

II. Die Bedeutung des Essens im institutionellen Kontext

Auch diakonische Alterspflegeinstitutionen haben sich in den vergangenen Jahren auf die stark wachsende Zahl von an Demenz erkrankten Bewohnerinnen und Bewohnern mit der Schaffung von spezialisierten Demenzabteilungen eingestellt. Neue Verhaltenszugänge zu den Betroffenen (etwa das Konzept der Validation), die Ermöglichung des Auslebens des Bewegungsdrangs (etwa durch die Einrichtung von Demenzgärten) sowie neue Demenz-Zusatzausbildungsgänge für das Pflegepersonal sollen gewährleisten, dass den Bewohnerinnen und Bewohnern professionelle Pflege zukommt. Dass das gemeinsame Essen oftmals nicht Teil des Behandlungskonzepts darstellt, zeigt sich häufig schon beim Blick auf die interne Arbeitsorganisation: die Abteilung Pflege und die Abteilung «Hausdienste» (in der die Küche integriert ist) agieren meist als je voneinander getrennte, eigenständige Bereiche. Dabei böte sich die Chance, im Rahmen einer diakonisch-seelsorgerlichen Begleitung von Demenzkranken dem gemeinsamen Essen besonderes Gewicht und besondere Bedeutung zukommen zu lassen. Erläutert werden soll dies an der orientierungsstiftenden, der erinnerungsstiftenden sowie der gemeinschaftsstiftenden Funktion des Essens.

1. *Orientierungsstiftende Funktion*

In einem Pflegeheim bilden neben den pflegerischen und medizinischen Verrichtungen die Mahlzeiten ein wesentliches Strukturierungselement im Alltag der Bewohnerinnen und Bewohner.[16] Frühstück, Mittagessen, Zwischenmahlzeiten und Nachtessen unterbrechen den sonstigen Alltag zu den jeweils gewohnten, fixen Tageszeiten und bieten den Demenzerkrankten, die sich nicht mehr an den Tagesverlauf zu erinnern vermögen, Orientierungsmöglichkeiten: Brot und Kaffee (zum Frühstück) oder der Rindsbraten (zum Mittagessen) oder aber der Apfel (zur Zwischenmahlzeit) können Auskunft geben

---

15 Vgl. Bejick (Anm. 13), 221.

16 Vgl. a. a. O., 222.

über die aktuelle Tageszeit. Dasselbe gilt auch für das Erleben des Wochenverlaufs sowie des Jahresverlaufs: Gerade ältere Menschen sind aus entbehrungsreichen Zeiten (in der Kriegs- oder unmittelbaren Nachkriegszeit) eine stärker ritualisierte Ordnung von Mahlzeiten gewohnt – etwa der fleischlose Tag am Freitag und der Nachtisch am Sonntag. Die Einhaltung solcher Essensordnungen im Wochenverlauf sowie auch die Einhaltung saisongerechter Speisen im Jahresverlauf vermag den Demenzkranken also Orientierung und damit ein Stück Sicherheit und Geborgenheit zu bieten.[17] Wenn also die Küchenabteilung in ihrer Planung nicht allein ökonomische und gesundheitsbezogene Faktoren in die Mahlzeitengestaltung einbezieht, sondern auch diese orientierungsstiftende Funktion mit beachtet, kann sie dazu beitragen, Tages-, Wochen- und Jahresverläufe leiblich greifbar und erfahrbar zu machen.

2. *Erinnerungsstiftende Funktion*

Menschen entwickeln im Verlauf ihres Lebens je eigene «Essbiografien»[18]: Vorlieben und Abneigungen, aber auch Eindrücke, Erinnerungen und Erlebnisse aus der eigenen Geschichte sind mit einzelnen Speisen verbunden. Zieht nun eine betagte Person aus der eigenen Wohnung weg in ein Pflegeheim,[19] so verliert sie zwar ihren unmittelbaren räumlichen Bezug, mit dem sie zahlreiche biografische Erinnerungen verbindet und der dadurch trotz Demenz identitätsstiftend wirkte. Die «Essbiografie» jedoch, d. h. die mit einzelnen Speisen und Mahlzeiten verbundenen Erinnerungen, die geht nicht verloren; die betagte Person nimmt sie mit in die Institution. So vermögen gewisse Speisen – sei es durch ihr Aussehen, durch ihren Geschmack oder ihre Konsistenz – auch bei an Demenz Erkrankten oftmals eine biografische Erinnerung aus dem Altgedächtnis hervorzurufen[20] und somit «erinnerungsfördernd»[21] zu wirken. Dem dementen ehemaligen Landwirt, der zeitlebens im Herbst die

—

17 Vgl. a. a. O., 223.

18 Andrea Fröchtling, «Und dann habe ich auch noch den Kopf verloren …». Menschen mit Demenz in Theologie, Seelsorge und Gottesdienst wahrnehmen, Leipzig 2008, 345.

19 In der Schweiz lebt mittlerweile eine Mehrheit der pflegebedürftigen betagten Personen in einer soziomedizinischen Institution; vgl. Lucy Bayer-Oglesby / François Höpflinger, Statistische Grundlagen zur regionalen Pflegeheimplanung in der Schweiz. Methodik und kantonale Kennzahlen, Neuenburg 2010, 40.

20 Vgl. Markus Biedermann, Essen als basale Stimulation, Hannover 2004, 17.

21 Vgl. Fröchtling (Anm. 18), 346.

Kartoffeln geerntet hat, mag der Anblick der Kartoffel auf dem Teller ein Gefühl des Zu-Hause-Seins vermitteln; und auf die demente Frau, die in früheren Jahren ihren Garten pflegte, wirkt der Anblick von Kopfsalat vertraut, auch wenn sie dessen Namen längst vergessen hat.

Wenn mit der dementen Person noch einfache Gespräche möglich sind, so bietet es sich an, im diakonisch-seelsorgerlichen Kontakt den Essbiografien behutsam nachzuspüren und so möglicherweise noch vorhandene Erinnerungen zu aktivieren – ohne dass dabei zwanghaft versucht werden muss, die demente Person in unsere Art von Realität «zurückzuholen».[22]

3. *Gemeinschaftsstiftende Funktion*

In Pflegeinstitutionen ergeben sich notwendigerweise Tischgemeinschaften: Im Essraum sitzen die Betagten zu den festgelegten Essenszeiten beisammen; die Gemeinschaft mit bislang unbekannten Menschen kann einerseits befremden, andererseits vermag der einer jeden Person zugewiesene, feste Platz auch Halt zu bieten.[23] Gemäss der Erfahrung in Pflegeheimen kann dieser Halt durch die feste «Sitzordnung» verloren gehen und zu Irritationen führen, wenn Bewohner oder Bewohnerinnen sterben und sehr rasch an deren Stelle eine neue Person ihren Platz am Tisch und somit ihren Platz am Ort der Essgemeinschaft einnimmt.[24]

Zahlreiche Pflegeinstitutionen öffneten in letzter Zeit ihre Essensangebote für externe Gäste, nicht zuletzt um damit ihre Kücheninfrastruktur besser auszulasten und zusätzliche Erträge zu generieren. Sie haben damit aber auch Möglichkeiten geschaffen zur Begegnung (und Gemeinschaft) von Bewohnerinnen und Bewohnern und Menschen «von draussen», die sonst oftmals kaum Zugang finden zu den Pflegeinstitutionen und ihren Bewohnern und Bewohnerinnen. Auch Kirchgemeinden bemühen sich, in unterschiedlichen Formen niederschwellige Begegnungen zu schaffen, an denen auch Demenzerkrankte teilhaben können – seien es etwa musikalische Auftritte oder aber gottesdienstliche Feiern, in denen das leiblich Erfahrbare im Vordergrund steht (wie etwa bei Erntedankfeiern). Die Kartoffel und der Kopfsalat können in diesen Feiern «zu Symbolen des Lebens werden, über die im Rahmen eines Gottesdienstes reflektiert und für die am Ende gedankt

---

22 Vgl. Bejick (Anm. 13), 223.

23 Vgl. a. a. O., 224.

24 Vgl. ebd.

werden kann – gemeinsam von den pflegebedürftigen und den noch gesunden Gemeindegliedern»[25].

Wenn auch pflegebedürftige bzw. demente Menschen auf elementare Lebensvollzüge (Essen, Trinken, Schlafen, Atmen usw.) zurückgeworfen sind, so verweist doch die Betonung dieser orientierungsstiftenden, erinnerungsstiftenden und gemeinschaftstiftenden Funktion des elementaren Lebensvollzugs von Essen und Trinken auf eine Tiefe, die es im diakonisch-seelsorgerlichen Handeln zu erschliessen gilt.

III. Das Abendmahl bildet Gemeinschaft von kognitiv Begabten und kognitiv Verlorenen

Wenn u. a. von der erinnerungsstiftenden Funktion des Essens die Rede ist, so ist zweitens auf das Abendmahl zu verweisen: In besonderem Masse kommt die erinnerungsstiftende Funktion beim Abendmahl zur Geltung. Das Abendmahl als *der* Ort des rituellen Erinnerns, als Ort der Aneignung der Vergangenheit in der Gegenwart, hat im vorliegenden Zusammenhang einen doppelten Erinnerungscharakter: Zum Ersten bietet es Demenzkranken, gemäss Erfahrungen der Hermannsburger Theologin Andrea Fröchtling,[26] in vielfältiger Art und Weise Möglichkeiten, um an Vertrautem anzuknüpfen und somit ein Gefühl von Geborgensein zu erhalten: Bereits die Abendmahlsliturgie an sich sowie insbesondere die Einsetzungsworte bieten eine verbale Heimat (wenn auch die Worte nicht mehr zwingend verstanden werden), die den Betroffenen Zugehörigkeit vermittelt. Darüber hinaus ermöglichen auch das typische Geruchsgemisch von Kelch und Saft bzw. von Kelch und Wein sowie das Tasten am oftmals reich verzierten alten Silberkelch bekannte Erinnerungsräume für die Demenzkranken.[27]

Zweitens ist hervorzuheben, dass gerade die christliche Feier des Abendmahls in paradigmatischer Weise auch Demenzkranke in die Gemeinschaft einzuschliessen vermag: In der gemeinsamen Feier des Abendmahls konstituiert sich die Gemeinschaft als Leib Christi und diese Gemeinschaft begegnet dem Christusgeheimnis, das ein rein intellektuelles Begreifen transzendiert und das jedem innermenschlichen Wissen und Verstehen entzogen bleibt.

---

25 A. a. O., 225.

26 Fröchtling (Anm. 18).

27 Vgl. a. a. O., 349.

Beide, der rationale, intellektuell Befähigte und der Demenzkranke, der sein rationales Denken weitgehend verloren hat, stehen im Abendmahl gemeinsam vor der der ratio entzogenen, leiblich-sinnlichen Erfahrung von Gnade.[28]

Dieses Verbindende und Gemeinschaftsstiftende des Abendmahls gilt es in den diakonisch-seelsorgerlichen Begegnungen mit Demenzkranken immer neu erfahrbar zu machen.[29]

IV. Politisch-ethische Dimension des Essens

Dass die elementaren Lebensvollzüge von Essen und Trinken – sei es im alltäglichen Zusammenhang oder im liturgischen Rahmen als Abendmahl – für Menschen mit Demenz von grundlegender Bedeutung sind, um ihnen Sicherheit, Orientierung und Halt und damit die ihnen entsprechende Form von Teilhabe in ihrem nächsten Umfeld zu bieten, ist mit den obigen Ausführungen aufgezeigt worden.

Zum Abschluss muss noch – in einem dritten Themenfeld – auf eine besondere Problematik dieses Essens und Trinkens bei Demenzkranken hingewiesen werden: Demenzerkrankungen haben oftmals weitreichende Auswirkungen auf die Nahrungsaufnahme von Betroffenen. Gerade in einem fortgeschrittenen Krankheitsstadium treten Schluckstörungen und eine zunehmende Apraxie im Umgang mit dem Essbesteck auf, so dass Hilfe von aussen unerlässlich wird; und diese Hilfe von aussen benötigt viel Zeit;[30] und dieser Zeiteinsatz kostet. Damit sind die Ressourcenfrage und die gesamtgesellschaftliche Organisation der Pflege, insbesondere der Demenzpflege, angesprochen.

Wie viel effizienter und kostengünstiger wäre es, wenn die demenzkranke Person mit einer Sonde ernährt würde? Damit würden ihr allerdings keine geschmacklichen Eindrücke mehr vermittelt; d. h. die Wahrnehmung von Sinneseindrücken – ein noch wesentliches Element von Lebensqualität – bliebe ihr verwehrt. Wie kann sichergestellt werden, dass Zeit für Pflege, für

---

28 Vgl. a. a. O., 350.

29 Vgl. zum Aspekt der diakonischen Gemeinschaft im Abendmahl Evangelisch-reformierte Landeskirche des Kantons Zürich, Diakoniekonzept der Zürcher Landeskirche, Zürich 2012, 12.

30 Vgl. Fröchtling (Anm. 18), 346f. sowie Held (Anm. 11), 19.

Betreuung und Zeit für die Ermöglichung von Sinneseindrücken bei Demenzkranken gewährleistet ist?[31]

Die interne Organisation von Pflegeinstitutionen kann noch so optimal strukturiert sein; es ist im Wesentlichen die gesellschaftliche Organisation und die gesellschaftliche Finanzierung von Pflege, die hierzu einen bedeutenden Bedingungsfaktor darstellt und zwar in zweifacher Hinsicht:

1. Unsere Pflegefinanzierungssysteme sind meistens immer noch derart aufgebaut, dass die Pflegefinanzierungsstufen nach vorwiegend handwerklich-instrumentellem Pflegebedarf bemessen sind:[32] Je mehr ein Bewohner physisch beeinträchtigt ist, desto höhere Pflegetarife können verrechnet werden. Dass aber Demenzkranke oftmals physisch noch nicht in starkem Ausmass beeinträchtigt und somit in einer tieferen Pflegestufe eingeteilt sind, jedoch aufgrund ihrer Desorientiertheit annähernd rund um die Uhr betreut werden müssen, kann in diesem System nicht ausreichend abgebildet werden.[33] Das heisst die Betreuung von Demenzpatienten erfordert Zeit, Flexibilität und Geduld – und das sind Faktoren, die sich gerade wegen ständig wechselhaftem Verhalten herkömmlicher zeitlicher, ökonomischer und qualitativer Erfassung widersetzen. Die Finanzierung des Betreuungsbedarfs von Demenzkranken ist also noch nicht ausreichend geregelt.

2. Die prekären zeitlichen Rahmenbedingungen in der Demenzpflege im Speziellen bzw. in der Altenpflege im Allgemeinen weisen schliesslich auf die allgemein sehr knapp bemessenen Ressourcen im Gesundheitswesen hin:[34] Dass der Betagtenpflege im Allgemeinen und der Demenzpflege im Speziellen wenig Zeit und Geld zur Verfügung steht, ist ein Abbild der verhältnismässig geringen gesellschaftlichen Wertschätzung gegenüber pflegerischen Leistungen in den deutschsprachigen Pflegesystemen insgesamt.[35] Ein Vergleich etwa mit skandinavischen Systemen zeigt auf, dass dort deutlich mehr

—

31 Vgl. dazu Eurich / Huster (Anm. 14), 176.

32 Vgl. Birgit Jansen, Informelle Pflege durch Angehörige: dies. u. a. (Hg.), Soziale Gerontologie. Ein Handbuch für Lehre und Praxis, Weinheim / Basel 1999, 604–628 (605).

33 Vgl. dazu grundlegend Katharina Rensch, Herausforderung oder Überforderung? Pflege und Betreuung demenzkranker Menschen durch Angehörige (Wissenschaftliche Beiträge aus dem Tectum Verlag. Reihe Pädagogik 32), Marburg 2012.

34 Vgl. Bejick (Anm. 13), 225.

35 Vgl. Ulrich H. J. Körtner, Das Menschenbild der Leistungsgesellschaft und die Irritation Demenz: Zeitschrift für medizinische Ethik 58/1, 2012, 3–22 (5).

Mittel vorhanden sind und damit auch die gesellschaftliche Akzeptanz von Pflegetätigkeiten insgesamt bedeutend höher ist.[36]

Wenn Kirchen und Diakonie ihrer gesellschaftlichen Mitverantwortung gerecht werden wollen, so ist es ihre Aufgabe, auf die prekäre Ressourcenlage in der Betagtenpflege im Allgemeinen sowie in der Demenzpflege im Speziellen im öffentlichen Diskurs laufend hinzuweisen und anzumahnen, dass die Pflege «eines solidarischen gesellschaftlichen Klimas und verlässlicher sozialer Rahmenbedingungen»[37] bedarf.

---

36 Vgl. dazu bspw. die Situation in Dänemark: Klaus Haberkern, Pflege in Europa. Familie und Wohlfahrtsstaat, Wiesbaden 2009, 60–63.

37 Klaus Hartmann / Klaus Hildemann, Altenhilfe: Günter Ruddat / Gerhard K. Schäfer (Hg.), Diakonisches Kompendium, Göttingen 2005, 455–466 (465).

Dorothea Schweizer

Demenz und Wahnsinn

Stigmatisierung in der Begegnung und Kommunikation mit Menschen mit Demenz

Menschen mit Demenz werden alltäglich stigmatisiert und aus der «normalen» Gesellschaft exkludiert. Besonders Menschen in einem frühen Demenzstadium erleben, wie ihre vielen individuellen Ressourcen übersehen und sie mit «Geistesgestörten» gleichgesetzt werden. Die Gruppe der an Demenz Erkrankten wird oft einseitig vom Endstadium der Demenz her betrachtet, in der Begegnung und Kommunikation scheinbar nicht mehr möglich sind.

Das deutsche Wort «Demenz» leitet sich ab vom lateinischen *dementia* und bedeutet wörtlich «unvernünftig»; *dementia* setzt sich zusammen aus dem Präfix *de* «von etwas weg», «abnehmend» und dem Nomen *mens* «Verstand». Damit ist der Begriff Demenz dem des Wahnsinns sehr nahe: «Wahnsinn» ist abgeleitet vom älteren «Wahnwitz» und bedeutet im Mittelhochdeutschen «unverständig», «leer an Verstand», «ohne Sinn». Im Lateinischen wird der Wahnsinn mit *amentia, dementia, insania, furor* bezeichnet.[1]

Besonders im Lateinischen wird die Nähe von Demenz und Wahnsinn sichtbar. Sprachlich bewegt sich «Demenz» somit auf den «Wahnsinn» zu. Der abnehmende Verstand in der Demenz findet seinen Zielpunkt im völlig unverständigen Wahnsinn. Mit diesem werden Menschen mit Demenz vielfach identifiziert und so von den «Normalen» abgegrenzt. Auch in der Thematisierung des Wahnsinns stellt sich immer wieder die Frage, in welchem Verhältnis Vernunft und Unvernunft zueinander stehen. Findet sich im Wahnsinn nur die Negation der Vernunft oder folgt sie einer eigenen, versteckten *ratio*? Im Folgenden werden Überlegungen zu Wahnsinn bei Menschen mit und ohne Demenz angestellt und Wahnvorstellungen und die Frage nach der Persönlichkeitsveränderung von Menschen mit Demenz the-

---

1 Vgl. Helmut Hühn, Art. Wahnsinn: HWP 12, 2004, 36–42 (36).

matisiert. Anschliessend wird in einem zweiten Teil nach der Aussenperspektive auf Demenz gefragt: Welche Ängste treten im Kontakt mit Menschen mit Demenz auf und inwieweit führt dies zur Stigmatisierung dieser Menschen? Der abschliessende dritte Teil beschäftigt sich mit der Begegnung mit Menschen mit Demenz und der Frage nach ihrer Inklusion.

I. Wahnsinn bei Menschen mit und ohne Demenz

1. *Einführung*

Während im 18. und 19. Jahrhundert im Wahnsinn nur ein ausgeschalteter bzw. in Ohnmacht gefallener Verstand gesehen wurde (und die «Irren» daher weggesperrt und interniert wurden), änderte sich diese Sicht mit dem Übergang von der spätidealistischen zur nachidealistischen Vernunftkritik: Vernunft und Wahnsinn erscheinen nun eng miteinander verbunden, sodass gerade der Mensch ohne Wahnsinn einen leeren Verstand hat (vernünftig ist, wer den eigenen Wahnsinn gut regelt).[2]

Michel Foucault fragt nach dem Verhältnis des Menschen zum Irren und kommt zu dem Schluss, dass der Irre «die elementare Wahrheit des Menschen [enthüllt]. Sie reduziert ihn auf seine primitiven Wünsche, auf seine einfachen Mechanismen, auf die drängendsten Determinationen seines Körpers.»[3] Der Wahnsinnige wird so vom fremden Gegenüber zum eigenen Spiegelbild. Weiter zeigt der Wahnsinn die Unterbrechung der menschlichen Freiheit, insofern wir im Determinismus unseres Körpers gefangen sind.[4]

Diese Sicht Michel Foucaults auf den Irren kann fruchtbar gemacht werden für die Perspektive auf Menschen mit Demenz. So sagt etwa Karsten Kandler, der selbst Alzheimer-Demenz hat, über seinen durch Demenz veränderten Entscheidungsprozess: «Die oberste Instanz ist bei mir inzwischen das Gefühl, nicht mehr der Verstand. Entscheidungen werden ‹aus dem Bauch heraus› getroffen und der Verstand liefert nachträglich die Begrün-

---

2 Vgl. a. a. O., 38–39.

3 Michel Foucault, Wahnsinn und Gesellschaft. Eine Geschichte des Wahns im Zeitalter der Vernunft, Frankfurt a. M. ^{21}2015, 545.

4 Vgl. a. a. O., 545–546.

dung. Damit wird auch der Begriff ‹freier Wille› problematisch. Gefühle lassen sich durch Argumente schwer widerlegen.»[5] Damit spricht Karsten Kandler beide Elemente Michel Foucaults an: den hohen Stellenwert der «primitiven Wünsche» und die «Unterbrechung der menschlichen Freiheit».

2. *Wahnvorstellungen bei Menschen mit Demenz*

Die meisten Menschen mit Demenz haben nie Symptome einer psychotischen Störung, weshalb Demenz nicht als eine Form von Psychose betrachtet wird. Dennoch haben manche Menschen mit Demenz Symptome, die einer Psychose ähneln: Einige haben dramatische Stimmungsschwankungen und etwa jeder Fünfte hat Halluzinationen oder Wahnvorstellungen. Besonders häufig kommen hier Bestehlungswahn und Missidentifikationen vor.[6] Helen Merlin, bei der eine Lewy-Body-Demenz diagnostiziert wurde, berichtet etwa von visuellen Halluzinationen, bei denen Erinnerungen wie auf einer Leinwand erschienen.[7] Solche Symptome führen zu der oben angesprochenen weit verbreiteten Gleichsetzung von Demenz und Wahnsinn.

Der britische Psychogerontologe Tom Kitwood wendet sich daher mit seiner psychosozialen Perspektive auf Demenz gegen eine maligne, bösartige Sozialpsychologie, die seiner Meinung nach eine Demenz fördert. Dazu gehören z. B. das Stigmatisieren, Etikettieren, Entwerten, Herabwürdigen und Ignorieren des Menschen mit Demenz. Dem setzt er seinen person-zentrierten Ansatz entgegen, der den Menschen mit Demenz ernst nimmt. Dieses Konzept soll das Wechselspiel von neurologischen Beeinträchtigungen und maligner Sozialpsychologie durchbrechen. Der Mensch soll nicht allein auf seinen Körper und seine pathologischen Beeinträchtigungen reduziert werden. In Bezug auf Wahnvorstellungen ist es für Tom Kitwood daher ungeklärt und offen, ob eine vorliegende Paranoia bei einem Menschen mit Demenz

—

5 Karsten Kandler, Herr Kandler und das Heim an der Alz: Demenz Support Stuttgart (Hg.), «Ich spreche für mich selbst». Menschen mit Demenz melden sich zu Wort, Frankfurt a. M. 2010, 25–29 (26).

6 Vgl. Dominik A. Becker, Sein in der Begegnung. Menschen mit (Alzheimer-)Demenz als Herausforderung theologischer Anthropologie und Ethik, überarbeitet und herausgegeben von Georg Plasger, EThD 19, Berlin u. a. 2010, 39 sowie Tom Kitwood, Demenz. Der person-zentrierte Ansatz im Umgang mit verwirrten Menschen, Deutschsprachige Ausgabe hg. v. Christian Müller-Hergl, Bern [5]2008, 54–55.

7 Vgl. Helen Merlin, Ich will integriert werden!: Demenz Support Stuttgart (Hg.), «Ich spreche für mich selbst». Menschen mit Demenz melden sich zu Wort, Frankfurt a. M. 2010, 11–24 (11).

durch neurologische Faktoren oder durch eine schlechte Pflege verursacht wird.[8]

Verschiedene Experten konnten zeigen, dass die scheinbar wahnsinnigen Handlungen und Vorstellungen von Menschen mit Demenz tatsächlich sinnvoll sind. Klaus Depping weist beispielsweise darauf hin, dass wahnhafte Vorstellungen, z. B. Bestehlungs-, Verfolgungs-, Vergiftungswahn, neben körperlichen und psychischen Krankheiten auch durch soziale, biographische und persönliche Faktoren sowie zeitgeschichtliche Einflüsse hervorgerufen werden können. In der Seelsorge sei es daher wichtig, die Gefühle des scheinbar Wahnsinnigen ernst zu nehmen und zu verbalisieren.[9] Dies zeigt auch die Erfahrung einer Krankenhausseelsorgerin,[10] die einer aufgeregten, unruhigen Frau mit Demenz begegnet, die immer wieder fragt: «Bin ich hier in Würzburg?» Nachdem sie durch die Tochter der Frau erfährt, dass mit Würzburg eine hektische, unglückliche, einsame Zeit verbunden ist, sorgt die Seelsorgerin für eine ruhigere Stimmung, woraufhin sich die Patientin beruhigt. Schliesslich identifiziert die an Demenz erkrankte Frau einige Pfleger mit Personen aus ihrem Heimatdorf. Bei der ruhigeren Atmosphäre fühlt diese sich offenbar so geborgen wie in ihrer Heimat.

Durch ein Eingehen auf Wahnvorstellungen kann sich also gerade eine gute Möglichkeit zur Kommunikation mit Menschen mit Demenz eröffnen, die auf normalem Wege – etwa durch die direkte Frage, was dem Gegenüber fehlt – nicht mehr möglich ist.

3. *Persönlichkeitsveränderung bei Menschen mit Demenz*

Häufig begegnet die Behauptung, dass sich die Persönlichkeit eines Menschen mit Demenz geändert hat oder gar, dass die Person «verschwunden» ist. Viele Veränderungen können aber tatsächlich als Zusammenbruch psychischer Abwehrmechanismen interpretiert werden, in Zuge dessen Menschen zunehmend direkter kommunizieren. Es konnte auch gezeigt werden,

---

8 Vgl. Kitwood (Anm. 6), 73–82 sowie 55.

9 Vgl. Klaus Depping, Wahnsinn ist auch Sinn. Verstehens- und Verhaltenshilfen zum Umgang mit wahnhaften Erlebnissen, Evangelische Impulse 5, 1992, 22–24 (22); ähnlich Susanne Reinhard-Karlmann, Geglückte Erinnerung. Der Weg zu Demenzkranken führt über das Ernstnehmen von Wahnvorstellungen: zeitzeichen 5/2, 2004, 14–16.

10 Vgl. Peter Puhlheim / Christine Schaumberger, Bekehrung von Seelsorge und Theologie zu Menschen mit «Demenz»: Theologisch-praktische Quartalsschrift 159, 2011, 137–145 (138f.).

dass eine gute Pflege die Kommunikation zu einem Menschen mit Demenz lange aufrechterhalten kann und dass dann auch die Angehörigen weit seltener sagen, die Person wäre «verschwunden».[11]

Neel Burton fragt in seinem Buch über psychische Störungen, wann eine Person zu einem Zeitpunkt A dieselbe wie zu einem Zeitpunkt B sei: Ist eine raumzeitliche (derselbe Körper) oder eine psychologische Kontinuität (derselbe mentale Zustand) entscheidend? Letztlich bleibt diese Frage von ihm unbeantwortet, auch wenn er dem Gehirn eine massgebende Rolle zuspricht: Personsein sei möglicherweise vielmehr ein gedankliches Konstrukt, das dazu dient, sich in unterschiedlichen Zeiten zu sich selbst in Beziehung zu setzen.[12] Gerade dieses reflektierende Denken des Sich-zu-sich-selbst-in-Beziehung-Setzens kann aber von Menschen mit fortgeschrittener Demenz nicht mehr geleistet werden.

Der Soziologe Erving Goffman legt ausführlich dar, dass Menschen im Alltag beständig und meist unbewusst Rollen spielen, um eine bestimmte Realität zu inszenieren und so bestimmte Reaktionen bei den Mitmenschen zu bewirken.[13] Auch diese Art der Inszenierung ist bei Menschen mit Demenz gestört und verliert sich im fortgeschrittenen Demenzstadium. Gewissermassen haben sie ihr Rollenspiel unerwartet geändert und tragen an uns Rollenerwartungen heran, die wir nicht erfüllen können oder wollen. Darüber hinaus halten sie ihr «Spiel» auch nicht konsequent durch, was sich zeigt, wenn sich etwa Missidentifikationen ändern.[14] Umgekehrt sehen sich Menschen mit Demenz konfrontiert mit für sie unwahren Darstellungen bis hin zu empfundenen Verschwörungen der anderen «Mitspieler». So zitiert beispielsweise Andrea Fröchtling eine Heimbewohnerin: «[…] also wenn ich nach Hause will, dann sagen die: ‹Setz dich hin, du bist doch hier zuhause.› Aber da lügen die, hier ist alles so fremd. Angst macht das, Angst.»[15]

---

11 Vgl. Kitwood (Anm. 6), 55–56.

12 Vgl. Neel Burton, Der Sinn des Wahnsinns. Psychische Störungen verstehen, Heidelberg 2011, 6–9.

13 Vgl. Erving Goffman, Wir alle spielen Theater. Die Selbstdarstellung im Alltag, Aus dem Amerikanischen von Peter Weber-Schäfer, München u. a. [15]2015, 19–23.

14 Vgl. Arno Geiger, Der alte König in seinem Exil, München [2]2013, 154.

15 Andrea Fröchtling, «Und dann habe ich auch noch den Kopf verloren …». Menschen mit Demenz in Theologie, Seelsorge und Gottesdienst wahrnehmen, APrTh 38, Leipzig 2008, 210.

Will man an dem Gedanken der Persönlichkeitsveränderung von Menschen mit Demenz festhalten, so ist hier wohl das gestörte Rollenspiel zwischen dem an Demenz erkrankten Menschen und seinen Angehörigen und Pflegenden von entscheidender Bedeutung. Dies zeigt sich auch daran, dass, wie bereits angedeutet, dieser Gedanke bei guter Pflege und intakter Kommunikation weniger aufkommt. Der (noch) nicht an Demenz Erkrankte muss in der Kommunikation gewissermassen sein Rollenspiel an die Realität des Menschen mit Demenz anpassen.

II. Aussenperspektive auf Demenz und Wahnsinn

1. *Ängste in Bezug auf Demenz*

Für (noch) nicht demente Menschen steht Demenz oft in Verbindung mit zahlreichen Ängsten: «Demenz bei einem anderen Menschen hat die Macht, Ängste beider Art auszulösen, einerseits in Verbindung mit Abhängigkeit und Gebrechlichkeit und andererseits im Hinblick auf ein Wahnsinnigwerden.»[16] Hierzu zählt auch die Angst vor dem Selbstverlust durch Demenz. Besonders vor dem Hintergrund des hohen Stellenwerts von Rationalität und Autonomie in unserer Gesellschaft ist Demenz eine angstbesetzte Kategorie, die das eigene Personsein in Frage stellt und somit an den Grundfesten des eigenen Selbstbilds rüttelt.[17]

Diese Ängste verstärken sich noch dadurch, dass Demenz jeden Menschen im Laufe des Lebens treffen kann. Eine mögliche Strategie, gegen diese Ängste anzukämpfen, kann etwa in Gentests gesehen werden, die das eigene Schicksal offenlegen sollen. Ein Gentest-Ratgeber im Internet verspricht beispielsweise zum Nutzen eines solchen Tests für Alzheimer bzw. Demenz: «Je früher mit der Therapie begonnen wird, desto höher ist die Chance, die Krankheit zu kontrollieren und die Symptome im erträglichen Rahmen zu

16 Vgl. Kitwood (Anm. 6), 34.

17 Vgl. Urte Bejick, Seelsorge mit dementen Menschen als gemeinsamer spiritueller Weg: Susanne Kobler von Komorowski / Heinz Schmidt (Hg.), Seelsorge im Alter – Herausforderung für den Pflegealltag, VDWI 24, Heidelberg 2005, 118–22 (121) sowie Fröchtling (Anm. 15), 180–182.

halten.»[18] Derartige Gentests können aber problematisch sein, insofern sie implizieren, dass nach der medizinischen Erfassung der genetischen Grundlagen nun auch bald ein Heilverfahren zu erwarten ist.[19] Darüber hinaus sei angemerkt, dass zum gegenwärtigen Zeitpunkt kein Gendefekt, sondern schlicht das Lebensalter als grösster Risikofaktor für Demenz gilt. Ein entwarnender Gentest ist somit keine Garantie für ein gesundes und demenzfreies Altern.

Nicht nur Gesunde haben Angst vor Demenz, auch Menschen, die die Diagnose «Demenz» erhalten, sind mit Ängsten konfrontiert: Doreen Cairns berichtet, wie sie nach der Diagnose in ein tiefes Loch fiel: «[...] nun stand ich vor einem Kampf, von dem ich wusste, dass ich ihn nicht gewinnen würde. Also sass ich zu Hause und – ich schäme mich, das sagen zu müssen – gab den Kampf einfach auf.»[20] Erst im Kontakt mit einer Selbsthilfegruppe erhält sie wieder Selbstvertrauen und Zuversicht. Menschen mit Demenz sind aber nicht nur mit einer Krankheit konfrontiert, die sie nicht besiegen können – also mit ihrem bevorstehenden Tod – sondern auch mit dem Stigma, das mit der Diagnose einhergeht.

2. *Stigmatisierung von Menschen mit Demenz*

Ein Stigma bewirkt die Exklusion durch die sogenannten Normalen. Denn: «Von der Definition her glauben wir natürlich, dass eine Person mit einem Stigma nicht ganz menschlich ist. Unter dieser Voraussetzung üben wir eine Vielzahl von Diskriminierungen aus, durch die wir ihre Lebenschancen wirksam, wenn auch oft gedankenlos, reduzieren.»[21] Diese Stigmatisierung und Depersonalisierung trifft neben Menschen mit geistigen oder körperlichen Behinderungen oft insgesamt auch ältere Menschen (die z. B. als asexuell gelten) und in verschärfter Form Menschen mit Demenz, die doch scheinbar nur noch

—

18 Online abrufbar unter: http://www.gentest-ratgeber.de/fruherkennung-krankheiten/fruherkennung-alterskrankheiten-parkinson-alzheimer-demenz-chorea-huntington-kreuzfeld-jakob-gentest.php (18.04.2016).

19 Vgl. Kitwood (Anm. 6), 58.

20 Doreen Cairns, Die Stimme erheben, Grenzen überschreiten: Demenz Support Stuttgart (Anm. 5), 32–36 (32).

21 Vgl. Erving Goffman, Stigma. Über Techniken der Bewältigung beschädigter Identität, Frankfurt a. M. [22]2014, 13.

«dahinvegetieren».[22] Diese Wahnsinnigen und Irren sind nach Michel Foucault somit die Erben der Leprakranken und werden wie diese aus der Gesellschaft ausgeschlossen.[23]

Die vielfältigen Ängste im Zusammenhang mit Demenz – so nachvollziehbar sie auch seien – führen also dazu, dass Menschen mit diesem Makel stigmatisiert werden: Herbert Sund erlebt, wie nicht die Diagnose, sondern allein der Verdacht auf Demenz sein Leben verändert und bestimmt. Seine Nachbarn und Bekannten ändern ihr Verhalten ihm gegenüber, sie sind unsicher und wissen nicht, wie sie mit ihm umgehen sollen. Auch er selbst wird zunehmend vorsichtiger und zieht sich zurück, sodass er manchmal denkt, es wäre besser gewesen, keine Untersuchungen durchgeführt zu haben.[24] In dieser Entwicklung ist ersichtlich, wie die Erwartung einer Persönlichkeitsveränderung bei Demenz auch als eine selbsterfüllende Prophezeiung wirken kann: So sehr die «Normalen» erwarten und prophezeien, dass eine an Demenz erkrankte Person mehr oder weniger «verrückt» und dem Wahnsinn nahe ist, wird sich auch diese Person zunehmend zurückziehen, da eine «normale», unbefangene Begegnung mit den sogenannten «Normalen» nicht mehr zustande kommt. Der durch den Rückzug bedingte Mangel an sozialem Austausch wiederum vermindert nicht nur die soziale Interaktionsfähigkeit, sondern beschleunigt auch das Abnehmen der geistigen Fähigkeiten. Das mit der Stigmatisierung einhergehende veränderte Verhalten fördert somit eine Demenz.

Für Christian Zimmermann, einen weiteren von Demenz betroffenen Menschen, kommt die Diagnose überraschend, da er eigentlich mit einer «Herzgeschichte» gerechnet hat. Er versucht, möglichst schnell von der Diagnose wegzukommen und sagt: «Für mich wäre es ein Grauen, wenn ich jeden Tag mit dieser Diagnose durch die Gegend laufen würde.»[25] Stattdessen sieht er seine Diagnose als Partner und dieser «Herr Alzheimer» begleitet ihn jetzt durch sein restliches Leben – als ständiger Begleiter, der aber auch nicht zu viel Raum und Macht einnehmen darf. Dennoch bleibt die Diagnose ein Problem: «Die meisten denken doch: Alzheimer, das ist dann plemplem.»[26]

—

22 Vgl. Kitwood (Anm. 6), 32.

23 Vgl. Foucault (Anm. 3), 24–25.

24 Vgl. Herbert Sund, «… und dann kriege ich ′nen kleinen Schubs»: Demenz Support Stuttgart (Anm. 5), 37–49 (45–48).

25 Christian Zimmermann, Natürlich kann ich jetzt geniessen!: Demenz Support Stuttgart (Anm. 5), 50–62 (52).

26 A. a. O., 59.

Hier wird erneut deutlich, wie selbstverständlich Alzheimer mit Wahnsinn in Verbindung gebracht wird. Ein an Demenz erkrankter Mensch gilt vielen als «verrückt» und wird durch diese Zuschreibung tatsächlich aus der «normalen» Gesellschaft ver-rückt und ausgeschlossen.

III. Begegnung mit Menschen mit Demenz

1. *Das Ideal der Inklusion*

Seit der zweiten Hälfte des 20. Jahrhunderts ist die Idee einer inklusiven Gemeinschaft (zunächst als Option für die Armen) über die Befreiungstheologie in das kirchliche Bewusstsein eingezogen. Das Ideal der inklusiven Kirche versteht sich dabei als Option für und mit den Exkludierten.[27]

Der heute verbreitete Inklusionsbegriff hat dagegen einen menschenrechtlichen Hintergrund und bezieht sich auf Menschen mit Behinderungen. Im Folgenden wird gefragt, inwieweit dieser Begriff auch in Bezug auf Menschen mit Demenz fruchtbar gemacht werden kann. Der noch verhältnismässig junge Begriff der «Inklusion» hat sich besonders durch die prominente Setzung in der UN-Konvention über die Rechte von Menschen mit Behinderungen von 2006 allgemein verbreitet. Darin wird betont, dass Menschen mit Behinderung gleichberechtigte Mitmenschen sind und «dass Behinderung aus der Wechselwirkung zwischen Menschen mit Beeinträchtigungen und einstellungs- und umweltbedingten Barrieren entsteht, die sie an der vollen, wirksamen und gleichberechtigten Teilhabe an der Gesellschaft hindern»[28]. Folglich sind diese Barrieren zu überwinden.

Wie sehr die Entwicklung einer Demenz abhängig von der Umwelt ist und wie sehr umgekehrt eine gute Pflege die Kommunikation zu Menschen mit Demenz und somit die persönliche Begegnung mit ihnen und ihr Personsein aufrechterhalten kann, wurde bereits gezeigt. Dementsprechend muss auch für Menschen mit Demenz Barrierefreiheit angestrebt werden. In Bezug auf die Inklusion von Menschen mit Demenz geht es auch darum, Raum für Begegnungen zu schaffen. Inklusion kann letztlich nicht rechtlich verordnet

---

27 Vgl. Sabine Schäper, Inklusive Kirche – Kirche der Andersheiten?: Johannes Eurich / Andreas Lob-Hüdepohl (Hg.), Behinderung – Profile inklusiver Theologie, Stuttgart 2014, 54–66 (60–63).

28 Vgl. Präambel e) der UN-Konvention über die Rechte von Menschen mit Behinderungen, Text und Erläuterung, herausgegeben von der Behörde für Soziales, Familie, Gesundheit und Verbraucherschutz Hamburg, 2013, 29.

werden, sondern gelingt oder scheitert im eigenen Verhalten, das Teilhabe und Inklusion ermöglicht oder verhindert.[29]

Mit dem Konzept der Inklusion sind auch Herausforderungen für Kirche und Diakonie verbunden. Insbesondere geht es um die Etablierung neuer Unterstützungsformen jenseits der «Sonderwelten» für Menschen mit Behinderungen.[30] Inklusion zielt auf die alltägliche Begegnung und Teilhabe. Menschen mit Behinderung sollen nicht als Objekte der Fürsorge betrachtet werden, sondern sind selbstbestimmte Subjekte und Gestalter ihres eigenen Lebens. Gerade Menschen mit Demenz sind der Gefahr ausgesetzt, allein über ihre Defizite im Denken und Sprechen als geistig schon tot definiert zu werden. Tatsächlich drücken auch Menschen mit fortgeschrittener Demenz ihre Gefühle direkt aus und kommunizieren emotional, sodass eine Begegnung möglich ist.

2. *Begegnung mit dem Wahnsinn, oder: Was können wir «Normalen» von Menschen mit Demenz lernen?*

Menschen mit Demenz konfrontieren nicht-demente Menschen mit ihrer eigenen Ohnmacht und Schwäche. Sie zeigen, dass der Mensch auch immer angewiesen, abhängig und emotional ist. Diese – in unserer Gesellschaft oft als Schwäche abgetanen – Eigenschaften gehören zum Menschsein elementar dazu. Die Thematisierung der Demenz kann daher helfen, überhöhte Ideale und Ansprüche infrage zu stellen. In diesem Kontext kann Demenz durch die Provokation gegenüber einem verbreiteten Menschenbild auch als «gesellschaftliche Krankheit» betrachtet werden und so eine kritische Instanz für die Anthropologie bilden.[31]

Exemplarisch zeigt die These der Auflösung der Persönlichkeit, dass Mensch- und Personsein sich gerade im Miteinander konstituiert und dass Personsein durch Stigmatisierungen vielfach untergraben wird. Der Mensch als Beziehungswesen ist angewiesen auf Gemeinschaft; wo ihm diese – ent-

—

29 Vgl. Schäper (Anm. 27), 64–65.

30 Vgl. Kirchenamt der EKD (Hg.), Es ist normal, verschieden zu sein. Inklusion leben in Kirche und Gesellschaft. Eine Orientierungshilfe des Rates der Evangelischen Kirche in Deutschland (EKD), Gütersloh 2014, 30–31.

31 Vgl. Dorothea Schweizer, Erinnern im Kontext von Demenz und Seelsorge – «Tut dies zu meinem Gedächtnis»: Johannes Eurich / Dorothea Schweizer (Hg.), Diakoniewissenschaft in Forschung und Lehre 2014–2015, DWI-Jahrbuch 44, Heidelberg 2016, 140–165 (148–156) sowie Fröchtling (Anm. 15), 179–216.

gegen seinem Willen – beständig versagt wird, muss er fast zwangsläufig dement und wahnsinnig werden.[32] Nur durch ein Aufrechterhalten der Kommunikation kann auch das Personsein aufrechterhalten werden. Eine offene Begegnung und Kommunikation mit Menschen mit Demenz ist aber erst da möglich, wo der «Normale» sich die eigenen Ängste eingestanden hat.

Um der Stigmatisierung von Menschen mit Demenz entgegenzuwirken, ist eine «Öffentlichkeitsarbeit» notwendig, die diese Menschen selbst zu Wort kommen lässt. Als Experten in eigener Sache erleben sie selbst jeden Tag, welches Bild viele Menschen von Demenz haben: «Sehr alt, unzurechnungsfähig, der ist ja auf Hilfe angewiesen, der kann nichts mehr alleine, der ist vulgär gesagt: vertrottelt und bekloppt.»[33] Demgegenüber fordert Helen Merlin, dass die Gesellschaft sie integriert. Sie möchte ihre Ressourcen einbringen und arbeiten – stösst dabei aber an Grenzen.[34]

Dabei muss berücksichtigt werden, dass Stigmatisierung auch ungewollt und in bester Absicht passieren kann: Auch in der professionellen Thematisierung sollte nicht vergessen werden, dass Menschen mit Demenz nicht einfach Forschungsobjekte sind, sondern beispielsweise auch Zuhörer von Vorträgen sein können: Auf einer Informationsveranstaltung erfährt etwa Herbert Sund in einem Vortrag eines Fachmannes, dass man im Umgang mit an Demenz Erkrankten diesen immer Recht geben soll. Mit seiner Frau klärt er im Nachhinein, dass er auch in Zukunft nur Recht bekommen will, wenn es ihm auch zusteht, er will sich auf die Ehrlichkeit seiner Mitmenschen verlassen können.[35] So richtig und wichtig das Prinzip der Validation in der Kommunikation mit Menschen im fortgeschrittenen Demenzstadium ist (möglicherweise in der Zukunft auch für Frau Sund im Umgang mit ihrem Mann), so sehr sollte bedacht werden, dass Menschen in einem frühen Demenzstadium dieses Prinzip als infantilisierend und herabwürdigend missverstehen können. Auch hier wird deutlich: Menschen mit Demenz sind keine einheitliche Masse hilfsbedürftiger Objekte; für jeden Einzelnen müssen die Bedürfnisse und Fähigkeiten berücksichtigt werden, die er im jeweiligen Demenzstadium hat.

---

32 Im Fall von freiwillig und bewusst gewählter Isolation, etwa bei Eremiten, liegt eine andere Situation vor.

33 Merlin (Anm. 7), 15.

34 Vgl. a. a. O., 16–20.

35 Vgl. Sund (Anm. 24), 47.

Der Wahnsinn als das befürchtete Endstadium der Demenz verschärft über die daraus resultierende Stigmatisierung nicht nur das Leiden der Betroffenen, sondern verhindert schliesslich den Blick auf Menschen mit Demenz als einzigartige, individuelle Menschen mit unterschiedlichsten Begabungen und Ressourcen, die der Gesellschaft wichtige Beiträge (sowohl individuell, z. B. im Arbeitsleben oder für ihre Familien, als auch als kritische Instanz für gesellschaftliche Ideale)[36] liefern können. Hier stärker zu differenzieren und aufzuklären, liegt daher nicht nur im Interesse der Betroffenen, sondern kann letztlich bereichernd für alle sein. Wie dieser Artikel zeigt, ist es dafür wichtig, die Betroffenen selbst zu Wort kommen zu lassen. Gerade dies verdeutlicht, wie viel Potenzial verloren geht, wenn Demenz einseitig vom Ende her betrachtet wird.

---

36 Konkrete Fallbeispiele und Projekte sowie Konzepte, die Potenziale von Menschen mit Demenz in Berufs- und Familienleben länger zu nutzen, würden den Rahmen dieses Artikels sprengen, könnten aber den Ausgangspunkt für interessante weitere Arbeiten darstellen.

Autorinnen und Autoren

Anika Christina Albert: Dr. theol., Diplom-Diakoniewissenschaftlerin, Pfarrerin, *1980, arbeitet am Diakoniewissenschaftlichen Institut an der Theologischen Fakultät der Universität Heidelberg an einem Habilitationsprojekt zum Thema «Menschenwürde und Lebensqualität bei Demenz».

Ruth Baumann-Hölzle: Dr. theol., *1957, ist Leiterin des Interdisziplinären Instituts für Ethik im Gesundheitswesen der Stiftung Dialog Ethik, Expertin für Ethik in Organisation und Gesellschaft, Autorin und Dozentin im In- und Ausland.

Simon Hofstetter: Pfr. Dr. theol., *1981, arbeitet als wissenschaftlicher Mitarbeiter an der Dozentur für Diakoniewissenschaft der Theologischen Fakultät der Universität Bern und ist Beauftragter für Recht & Gesellschaft beim Schweizerischen Evangelischen Kirchenbund (SEK).

Frank Mathwig: Prof. Dr. theol., *1960, ist Beauftragter für Theologie und Ethik beim Schweizerischen Evangelischen Kirchenbund (SEK) und Titularprofessor für Ethik an der Theologischen Fakultät der Universität Bern.

Torsten Meireis: Dr. theol., *1964, ist Professor für Systematische Theologie mit dem Schwerpunkt Ethik / Wirtschaftsethik an der Theologischen Fakultät der Humboldt-Universität zu Berlin.

Katrin Müller: Dipl. theol., Vikarin, *1980, am 12.05.2016 wurde ihre Dissertationsschrift «Der Mensch als נֶפֶשׁ und die næfæš des Menschen. Das Bedeutungsspektrum des Wortes שֶׁפֶנ und das næfæš-Konzept der alttestamentlichen Menschenvorstellungen aus kognitiv-linguistischer Perspektive» an der Theologischen Fakultät der Universität Bern angenommen.

Daniela Ritzenthaler: lic. phil., *1978, ist Heilpädagogin, Erwachsenenbilderin HF, wissenschaftliche Mitarbeiterin bei Dialog Ethik, Dissertation am Institut für Erziehungswissenschaft der Universität Zürich zu ethischen Entscheidungen am Lebensende bei Menschen mit kognitiven Beeinträchtigungen.

Martina Schmidhuber: Dr. phil. fac. theol., *1981, ist wissenschaftliche Mitarbeiterin am Institut für Geschichte und Ethik der Medizin an der Universität Erlangen-Nürnberg und Fellow im Emerging Fields-Projekt «Human Rights in Healthcare» ebendort.

Dorothea Schweizer: Diplom-Theologin, *1988, ist seit 2015 Assistentin am Diakoniewissenschaftlichen Institut der Universität Heidelberg, wo sie im Bereich Sorgekultur im Kontext von Wohnen im Alter promoviert.

Melanie Werren: Diplomierte Pflegefachfrau HF, Master of Theology, Pfarrerin VDM, *1982, ist seit 2014 Assistentin am Institut für Systematische Theologie / Ethik der Universität Bern, wo sie an einem Dissertationsprojekt zum Thema «Menschenwürde und Demenz» arbeitet